性格と精神疾患

Six personality types and mental diseases

性格類型による診立てと治療

SHIMURA Muneo
志村宗生

金剛出版

はじめに

　本書は，主に精神疾患を理解したり治療したりするために役立つ，"性格類型"について書かれたものである。筆者の考える性格類型とは，ヒステリー型性格，強迫型性格，回避型性格，統合失調型素因，パニック型性格，境界型性格の6つである。統合失調型のみ素因としたのは，心理的な特徴よりも神経生理的な特性の方がより優っていると思ったからで，基本的には"性格"としてもかまわないと考えている。

　後にも述べるが，これらの性格類型は，ICD-10やDSM-IV-TRに掲げられている精神疾患に一対一で対応するものではなく，いくつかの精神疾患にまたがって存在する。たとえば，ヒステリー型性格をもつ人たちの精神疾患には，身体表現性障害，解離性障害，軽症うつ病，気分変調症，パニック障害，広場恐怖，不登校などがある。逆に，パニック障害と診断される人たちの中には，ヒステリー型やパニック型など，異なる性格類型の人たちがいる。疾患と一対一で対応しておらず，従来の"病前性格"とは，異なった発想から生まれてきたものである。つまりは，"まずは性格類型ありき"であり，後に精神疾患があるという考え方に基づいている。

　精神疾患の治療において，かりに疾患の診断ができたとしても，それで治療がうまくいくとは限らない。たとえば，"うつ病"と診断されたとしても，抗うつ剤が功を奏しないばかりか，困った副作用が現われる患者や，休養をさせることが病気の改善に一向につながらない患者の一群がいる。そのような経験をされた精神科医は少なくないのではないかと思う。しかし，筆者の性格類型を用い，患者の性格類型を特定することができれば，その患者に適

した薬物療法や精神療法が自ずと明らかになってくる。ヒステリー型性格の人たちには，スルピリドなどの少量の抗精神病薬が有効であり，精神療法的には，気を遣いすぎないとか，のんびりとした生活を心掛けるとか，十分な睡眠をとるといった助言が役に立つ。さらに，本書での性格類型の特徴は，専門用語を用いずに平易な言葉で述べられているため，そのまま患者に伝えても，患者が理解しやすい。それが治療的である。

また，この性格類型は，精神疾患をもたない人たちにも広く存在しているものと考えている。その意味では，この性格類型は，精神医学のみならず，心理学の領域でも，大いに利用することが可能なものであると考える。つまりは，その人の性格類型がわかれば，その人の考えや行動のパターンといったものが見えてくる訳で，その人を心理学的に理解することはより容易となるはずである。心理的カウンセリングや家族相談やコンサルテーションなどの，心理臨床の領域で幅広く利用可能なものであると考える。

分担執筆ではなく，単独で本を出版するというのは，筆者にとって初めての経験であった。どのように書き進めていいのか五里霧中での執筆であり，本書を書き上げるまでには，さまざまな苦労があった。その本の企画から構成，また，校正の段階に至るまでの約1年にわたり，金剛出版出版部の弓手正樹氏には，たびたび貴重なご助言やご指導，励ましを頂いた。あらためて，ここに，心より感謝の意を表したい。

目　次

はじめに ……………………………………………………………………… 3

第1章　心理学から生物学へ ………………………………………… 9
　　個体，構造，環境 ……………………………………………………… 11
　　性格類型の誕生 ………………………………………………………… 13
　　この性格類型の有用性 ………………………………………………… 14

第2章　ヒステリー型性格 …………………………………………… 17
　　ヒステリー型性格とは ………………………………………………… 17
　　ヒステリー型性格をもつ人たちの特徴 ……………………………… 18
　　ヒステリー型性格の人たちによく見られる疾患とその事例 ……… 26
　　ヒステリー型性格をもつ人たちへの薬物療法 ……………………… 34
　　ヒステリー型性格をもつ人たちへの精神療法 ……………………… 38

第3章　強迫型性格 …………………………………………………… 45
　　強迫型性格とは ………………………………………………………… 45
　　強迫型性格をもつ人たちの特徴 ……………………………………… 47
　　強迫型性格の人たちによく見られる疾患とその事例 ……………… 54
　　強迫型性格をもつ人たちへの薬物療法 ……………………………… 58
　　強迫型性格をもつ人たちへの精神療法 ……………………………… 61

第4章　回避型性格 …………………………………………………… 65
　　回避型性格とは ………………………………………………………… 65
　　回避型性格をもつ人たちの特徴 ……………………………………… 66
　　回避型性格の人たちによく見られる疾患とその事例 ……………… 71
　　回避型性格の人たちに対する薬物療法 ……………………………… 73
　　回避型性格の人たちに対する精神療法 ……………………………… 74

第5章　統合失調型素因 ……………………………………………… 81
　　統合失調型素因とは …………………………………………………… 81
　　統合失調型素因をもつ人たちの特徴 ………………………………… 82
　　統合失調型素因の人たちによく見られる疾患とその事例 ………… 89

　　　　統合失調型素因をもつ人たちへの薬物療法 94
　　　　統合失調型素因をもつ人たちへの精神療法 96

第6章　パニック型性格 99
　　　　パニック型性格をもつ人たちの特徴 99
　　　　パニック型性格をもつ人たちの事例 102
　　　　パニック型性格の人たちの治療 106

第7章　境界型性格 109
　　　　境界型性格をもつ人たちの特徴 109
　　　　境界性パーソナリティ障害の治療 115

第8章　性格の型を特定するための面接の方法 117
第9章　Cloningerの性格理論 141
　　　　3つの性格因子と学習理論 141
　　　　3つの性格因子と脳のシステム 144
　　　　3つの性格因子による性格特性 147
　　　　気質と性格 148
　　　　Cloningerの性格理論と筆者の性格類型との比較 150
　　　　Cloningerの性格因子と遺伝子研究 155

終　章　その他の関連する項目 163
　　　　これからの課題 163
　　　　性格類型の統計 164
　　　　性格類型について 166
　　　　性格の型と配偶者選択 167

あとがき 171

性格と精神疾患

性格類型による診立てと治療

第1章
心理学から生物学へ

　以前から，"気質"とか，"性格"とか，個人のもつ精神的－心理的な特性というものが精神疾患の原因なり，要因であるとして，精神科領域の多くの人々によって言及されてきた。たとえば，有名なものは，Kretschmer の "気質"[1] という概念である。彼は，"気質" は個人のさまざまな精神の働きに影響を与え，その個人の個性というものを特徴づけているものであると述べている。その上で，彼は，体格と気質とを関連させ，やせ形の体型と親和性があるものが分裂気質，太り型の体型と親和性があるものが循環気質，てんかんと関連のある闘士型の体型と親和性があるものが粘着気質といったような性格類型を行っている。また，Tellenbach[2] は，内因性うつ病の中には，肥満型体型と循環気質をもち躁うつ両相の見られる循環型と，メランコリー親和型性格をもち状況因によりうつ病相のみ現われる単相型があると述べていて，特に，几帳面，仕事熱心，律儀，対人配慮などからなるメランコリー親和型性格は，状況因とともに，単相性うつ病の発病の要因となりうる病前性格として，多くの日本の精神科医に重視されてきた。

　このように性格や気質といった，心理的なレベルでの精神疾患の病因探しの試みが20世紀前半から1960年代にかけて進められていったが，特に1980年代からは，生物学的なレベルでの病因探しが台頭し，その後，それが主流となっていく。つまり，生化学や精神薬理学，電子顕微鏡による画像を用いる "ミクロ" なレベルから，f-MRI や PET などを用いる画像診断な

ど"マクロ"なレベルでの脳の働きを理解することを通して精神疾患の原因を解明しようとする試みであり，また，ある特定の遺伝子の変異や個人差に精神疾患の原因を見出そうとする試みである。それらにより，病因としての性格という視点は，徐々に背景へと追いやられていったように思う。

さらに DSM-Ⅲ や ICD-10 といった操作的な診断法が広く受け入れられたことによって，その潮流は推し進められていったと考える。それらの診断法は，疾患をその原因から切り離した上で，その症状や徴候などを基準に診断するものである。従来の疾患単位のように病因や心理学的な背景を加味した形ではなく，単に，症状を羅列した症候群のようなものであると考えられる。それが，あたかも実体のある疾患であるかのように一人歩きを始めた感がある。

いま1つ，精神医学の潮流となっているのは，科学的な根拠に基づく，つまり"エビデンス"による精神医学である。たとえば，うつ病と診断された患者を，プラセボ群と実薬群の2群にランダムに振り分け，患者も医師も患者がどちらの薬をのんでいるかわからない形で（盲検法），薬の効果を比較するような方法論である。こうした臨床試験の結果を反映した"エビデンス"に基づき，"治療ガイドライン"といったような治療法が組み立てられる。このようなやり方は，以前のように，治療に当たる医師によって治療方法が大きくばらつくことを一定程度防ぐ効果をもたらした。ただ，うつ病は未だその原因が明らかにされたものではなく，うつ病と診断されたものには多種性があるにもかかわらず，ただ，うつ病の患者の，ある症状に対して一定の効果があったといったやり方は，「ある意味で治療をブラックボックス化している」ようなものである[3]。臨床の場面では，抑うつ症状を示す患者には，詳細に見ていくと，それぞれに異なる背景や原因が認められるものだが，どの患者にどのような薬物が有効かについて，エビデンスに基づく精神医学はほとんど語ってはくれない。

未だ，生物学的なアプローチが精神疾患の原因を決定的な形では解明でき

ていない現状の中，精神疾患の治療は，操作的診断法で診断をした後は，治療ガイドラインといったテキストによって提唱される薬を処方するのみといった，何の妙味もない，シンプルなやり方が主流になっているような感がある。そのことが現在の抗うつ剤の氾濫や多量投与につながり，一向に精神症状が改善せず，また，副作用ばかりが現れることによって，患者の，医療や薬への不信を募らせているように考える。

個体，構造，環境

　筆者は，精神科医となって以来，主に，個人精神療法や家族療法の関連の勉強を続け，その臨床にも従事してきたものの，当初，臨床の場の多くは，入院治療を主とする精神科病院であった。その後，平成7年に精神科のクリニックを開業したが，そこで患者の診療を始めた時には，筆者には，すでに，精神科の疾患に対する，ある基本的な考え方というものがあった。

　つまり，"病い"として示されるものとは，ある"構造（structure）"をもった個体が，ある外部の環境（media）からの刺激（攪乱：perturbation）によって引き起こされたり，それ自体の内的な力動の結果によって起こる，1つの，個体の"状態の変化"，もしくは，"行動"（behavior）に他ならない，といったものである。ちなみに，これは，チリの生物学者であるMaturana[4]の"個体と環境との構造的なカップリング"と呼ばれる理論に基づいた考えであり，彼の考え方は家族療法にも多大な影響を与えている。図1が，その構造的なカップリングを模したものである。矢印をもった円は，自律性をもつ個体，つまり，オートポエティクな個体を，波線は環境（media）を表す。その間の2つの矢印は，個体と環境の間の相互作用的な刺激（pertubation）を示す。図2は，オートポエティックな個体の内部に神経システム（矢印のある楕円）が追加されて描かれたものである。ちなみに，感覚と運動を結び

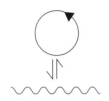 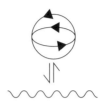

図1　構造的カップリング　　図2　構造的カップリングと神経システム

つける"神経システム"が生まれたことで、その個体の行動（behavior）の領域が飛躍的に拡大される。それについてMaturanaの言葉を引用しよう。つまり、「神経システムがおこなっていることは、有機体にたいしてきわめて融通のきく可塑的（しなやか）な構造をあたえることによって、可能な〈行動領域〉を拡げることなのだ」と。

　ところで、筆者は、ここで取り上げる個体の"構造"とは、人（患者）で言えば、その個人の考え方や行動の仕方の諸特徴であり、"性格"とか"気質"とか"素因"であると考えている。また、"病い"とされるものの実態は、個体が示す一群の症状や徴候や行動など、状態の変化や行動（ふるまい）に他ならない。Maturanaによると、個体がどのような行動を起こすかは、環境からの"刺激"ではなく、"構造"が決定するという（構造決定論：structural determinism）。それに従えば、患者がどのような症状や行動を引き起こすのかは、環境からの刺激（たとえば、ストレスなど）ではなく、個人の性格や素因次第であるということになり、刺激は患者の状態の変化やふるまいを起こす、単なる"引き金（trigger）"になっているにすぎないことになる。ところで、この個体の構造は永遠に不変のものではない。それは、長年の環境との間に繰り広げられる歴史的な相互作用により、時間的な流れ（natural drift）の中で少しずつ変化を受けるものであると、Maturanaは考

えている。その観点に立てば，性格も，家族や社会の中でまわりの人たちとの相互作用を通して，経年的な変化を受けることになる。また，個体だけでなく，個体との間で構造的なカップリングを形成する環境（たとえば，家族）も，個体（患者）との相互作用を通して，さまざまな構造の変化を受けることになる。

性格類型の誕生

　終日，外来で数多くの人たちを診るようになり，極めて緩徐にではあるが，試行錯誤の中で，一連の，似通った行動や考え方，つまり，ある性格傾向や素因をもつような人たちの一群といったものがあるのではないかと考えるようになった。あるいは，ある似通った性格や素因をもつ人たちの一群の姿といったものが徐々に浮かび上がり，その性格群が次第に形作られていったと言ってもいい。この場合，それらは，当初，何らかの既存の性格類型を土台にして導き出されたものではない。あくまで，さまざまな精神医学の先人の知識を使いながらではあるが，日常の診療の中で数多くの患者を観察することで，独自に，次第に明らかになってきたものである。ただ，その後，それらの性格類型の諸特徴をさらに精緻なものにするため，DSM-Ⅳ-TR やICD-10 のパーソナリティ障害の診断基準をはじめとする，さまざまな既存の知識や経験を取り入れ，参考としていった。

　ところで，これまでも，ある疾患や障害に特有な病前性格についての研究が数多くなされてきた。有名なものは，古典的なうつ病についての，執着気質やメランコリー親和性といった性格である。だが，筆者が特定した性格類型は，必ずしも，疾病に，一対一で対応するような性格や素因ではない。そうでなく，以下に述べる性格類型は，いつくかの疾患（障害）にわたって存在しているものであり，言わば，"疾患－横断的に"存在するようなもので

ある。そこが従来のものと，大いに異なっている点である。

この性格類型の有用性

　ところで，これから述べるような，患者の性格の型を分類し同定するといった作業が臨床上重要であると考えるのは，治療とのかかわりが極めて強いからである。第1に，精神療法とのかかわりである。つまり，患者の症状が彼らの性格傾向と大いにかかわっているので，症状を軽減するため，または，再燃を予防するため，精神科医は，彼（女）らの性格由来の特異な考え方や行動について十分理解し，それを彼（女）らに説明し，それを修正するよう助言や指導をすることができる。第2に，薬物療法とのかかわりである。つまり，ある性格傾向の患者たちには，ある種の薬物が有効であり，またその薬物による副作用も少ない。後で述べることだが，たとえば，仕事や家事で無理をしがちで，人に気を遣うなど，気働きの多いヒステリー型性格の人たちには，神経の働きすぎや興奮を下げるための，少量の，ある種の抗精神病薬が有効である。一方，基本的に"ビビり"で，心配性である強迫型性格の人たちには，気が大きくなり，不安や恐怖が抑えられるような，SSRIと呼ばれる抗うつ薬の一種が有効である。また，彼らには，SSRIによく見られる副作用である，吐気等の消化器症状が起こりにくい。

　最後に，これから述べる性格の型の諸特徴についてであるが，それらは，患者がそれらを精神科医から直接に問われても，自分にその傾向があるのか否かを自ら理解し，判断できるような言葉で提示されている。つまり，平易であるだけでなく，患者の体験や実感に近い言葉で述べることを心掛けている。したがって，それらは専門家の研究のための用語というよりは，性格の診断のためのチェックリストとしても利用できるようなものと考えていい。

参考文献

1) 切替辰哉：気質．保崎秀夫，笠原嘉，宮本忠雄，小此木啓吾共編：精神医学事典．弘文堂，東京，1975．
2) 後藤基裕：うつ病．保崎秀夫，笠原嘉，宮本忠雄，小此木啓吾共編：精神医学事典．弘文堂，東京，1975．
3) 加藤忠文：岐路に立つ精神医学．勁草書房，東京，2013．
4) Maturana, H., Varela, F.: The Tree of Knowledge; The Biological Roots of Human Understanding (revised edition), Shambhala, Boston & London, 1992.（管啓次郎訳：知恵の樹．朝日出版社，東京，1987．）

第2章
ヒステリー型性格

ヒステリー型性格とは

　そもそも，ヒステリーといった用語は，古代から女性の身体的，精神的な疾病を指すものとして用いられてきたものである。近代，Freudは，神経症の心理機転に基づき神経症理論の確立を求め，ヒステリーを強迫神経症とともに神経症の一類型として分類した。また，Jung[1]は，人間の基本的な態度に2つのタイプがあると言い，それらを外向と内向と呼んだ。彼は，リビドーや関心が外界に向かうものが外向であり，神経症においてこの外向性が見られるものがヒステリーであると述べている。後に述べるヒステリー型性格の人々の関心も外向きである。

　このヒステリーという用語は，DSM-Ⅱ（1968）では，"ヒステリー神経症"という形で，疾病名の中で残されていた。だが，ヒステリーという多義的な疾病分類自体を用いないといった方針から，DSM-Ⅲ（1980）からは，ヒステリー神経症は，主に，"身体表現性障害"と"解離性障害"といった診断項目に分けられることとなった[2]。ちなみに，近年では，失立・失歩や失声をはじめとする運動障害，後弓反張を特徴とするけいれん，盲や聾や感覚脱失やヒステリー球と呼ばれる喉の違和感等の知覚障害のような，"古典的"ヒステリー症状は次第に減少しており，代わりに，めまい，呼吸困難，動悸，嘔吐などの自律神経系の異常を訴えるものが増えてきていると言われてい

る[2]。筆者の日々の臨床の中で，このような自律神経系の異常や解離性健忘を示す患者に共通して見られるような性格傾向が次第に明らかになり，それらの疾患が，従来は，ヒステリーと呼ばれていた疾患概念に当たるものであったことから，この性格傾向を"ヒステリー型性格（histerical type personality）"と呼ぶことにした。ところで，"型"といった言葉を入れたのは，従来からある，演技的な傾向を伴う"ヒステリー性格"と区別するためである。ちなみに，近年，古典的なヒステリー症状が少なくなったばかりでなく，従来，ヒステリー患者に特有とされた，自己顕示欲や虚栄心が強い，派手好きや大げさで演技的，自己中心的・依存的な傾向，被暗示性等といった，典型的なヒステリー性格がヒステリー患者に見られることは少なくなり，代わりに，勝気，負けず嫌い，他人の目に敏感，頑固，逆に芯がなく頼りなくて依存的，自己愛が強い，といった性格であることが多いとのことである[3]。それらの性格傾向は，以下に述べるヒステリー型性格の特徴に，一部，重なるところがある。

　ところで，筆者が最初に明確に同定できた性格傾向が，このヒステリー型性格である。それというのも，1つには，この性格傾向の患者が，臨床場面でもっとも多く見られる人たちであるからである。2つ目は，筆者自身の性格がこの性格だからである。患者の性格を理解する時，自らの性格を分析することが大いに役に立ったのである。その特徴は次の通りである。

ヒステリー型性格をもつ人たちの特徴

1. ものごとに対する考えの"基準"があること

　この一群の患者たちは，"日常生活上"の，さまざまなものごとに対して，"〜した方がいい"，とか"〜が正しい"とか，"〜であるべきだ"とか，"〜すべきだ"といった，"自分なりの"考え方や"基準"をしっかり持ってい

ることが多い。ものごとに対する，ある種の"こだわり"といってもいいと思う。ただ，そのこだわりは，どちらかというと，瑣末なことである場合が少なくない。たとえば，"不要な灯りは消すべき"とか，"ものは一定の場所に置く（返す）べき"とか，"家の中を散らかしていてはいけない"とか，"人に対しては公平で平等にふるまうことが正しい"とかといったものである。ただ，このような"自分なりの基準"，つまり，自分の意見や考えを"他人"に押しつけて，そのために人と揉めるようなことは避けようとする。たとえば，言わずに我慢したり，相手を選んで言うようにしたり，反発されないようにやんわりと言ったりすることで，人との争いは，できれば避けたいと考えるのである。たぶん，他人と揉めること，そのために相手から何らかの反撃を受けることは，この人たちにとって精神的に傷つく体験であり，それで嫌な思いをするのは避けたいからかもしれない。だが，相手が家族や付き合っている異性等の"身内"である場合には，彼（女）らは我慢はせず，自分の考えをストレートに強く主張したり，時に，相手に押しつけたりすることの方が多い。その結果，"身内"との間で摩擦や衝突が起こることも少なくない。当然，相手には相手の考えがあるので，すんなりとは彼（女）らの基準を受け入れてはくれない。このため，強く反発したり，話し合うことを避けたりするようなことも起こりうる。特に，その"身内"が同じヒステリー型性格である場合には，互いに自らの考えについて相手に一歩も譲らないために，互いのこだわりが真正面から衝突をし，大喧嘩になることもある。そんな時，彼（女）らの中には，"納得がいかない"といった，相手に対する"不満"が生じる。他人であれば，かかわりを避ければある程度解決できることではあるが，身内の場合には，それも簡単にはできない。不満の渦の中で，にっちもさっちもいかない事態が生じる。心理学的に言えば，"葛藤"である。

　受診先の医師がこのような患者の話に耳を傾けるなら，その医師はこの種の不満を聞くことになる。患者が話す，この"不満"も，患者がこの型の性

格かどうかを決める上での，参考にできる基準の1つと考えている。また，この不満を抑えることを強いられたり，不満が積もり積もったりした結果，彼（女）らの中に精神的なストレスが高まっていく可能性がある。

　ちなみに，このような基準をもつことは，それによって，外界のものごとや人々に対して，"どうあるべきか"，"どうすべきか"などを，積極的に定めることにつながる。つまり，自分なりに"外の世界"のあり方を形作り，その基準で外の世界と対峙していこうとする前向きな姿勢であると言える。また，それは，その都度，ものごとについて深く考える手間が省けることになり，この意味では，外界に対して自らが働きかける際に，いわば，"省エネ"として機能するといった側面をもつ。

2. ものごとを"きちんとやる"傾向

　この一群の患者たちは，仕事でも，家事でも，自分が"こだわっていること"に関しては，いい加減が嫌いで，"きちんと"やらないと気が済まないといった傾向を持つことが多い。できれば，"完璧に"やれればいいと思っている。ものごとがきちんとできた時，これらの患者たちは，「できた！」，「やった！」といった満足感，達成感を得ることができるという。ただ，彼（女）らは，すべてを完璧にするというわけではなく，こだわりのないことには極端ないい加減さを示すこともある。そのことは，彼（女）らに質問をする時に心に留めておくべきことの1つである。

　このように，かなりの集中力を必要とするような，質的にも密度が濃く，量的にも過剰な仕事や作業を行うことで，それは，神経的には，疲労と興奮をもたらす可能性があり，それが動悸や呼吸困難感などの自律神経の異常や気分の落ち込みを起こす一因となっていると考えられる。したがって，ゆとりのある，のんびりとした生活を送るように生活指導をすることが，この患者群における症状の改善に役立つ場合も少なくない。

3. スケジュールを決め，予定通りに行動する傾向

　この性格型の人たちは，平日や休日の過ごし方ばかりでなく，旅行や遊びにおける時間の使い方についても，あらかじめ，一日のスケジュールをきっちりと決め，その予定の通りに行動しようとする傾向がある。"完璧な"時間の使い方という点では，前項と関連することかもしれない。彼（女）らは，そうでないと，時間が"もったいない"と言う。また，そうすることで，"仕事全体が完璧になる"という人もいる。かりに，予定通りにものごとがうまく進めば，彼らは達成感を得ることができる。ただ，そうすることを身内の人たちにも強要することが多い。つまり，彼（女）らの決めたスケジュール通りに行動することをそれらの人たちにも強いるのである。しかし，彼（女）らの思った通りに予定が進まないことも少なくない訳で，その場合，彼（女）らは，苛立ちを表し，時に，身内の人たちに対して怒りを示したり不機嫌になったりすることがある。

　このように，彼（女）らは予定がびっしり詰まったスケジュールに従って活動することになる訳で，当然，一日の生活は"バタバタ"したものになりがちである。それは，前項と同様に，彼（女）らに興奮と疲労をもたらす。

4. 世話好き，お節介

　この一群の患者たちは，親切心からではあるが，人に何かをしてやりたいといった傾向が強く，そうすることに躊躇が少ない。つまり，多少とも気に入った相手に対しては，ものをあげたり，便宜を図ってあげたり，教えてあげたりする。よくいえば，親切で，悪く言えば，お節介であり，親切の押しつけである。

　このことを患者にたずねる時，「部活動や仕事で，一般的に，後輩や新人の部下に対して親切に教えたり手伝ってやったりするなど，面倒を見る方ですか？　どちらかと言うと，あまり面倒を見ない方ですか？」と聞いてみる

といい。後に述べる，強迫型性格の人たちの場合，このような世話好きな傾向はない。それが決められている責務であれば，やむを得ず面倒はみるが，それがなければ，進んで世話をしたがる人たちではない。

この世話好きな傾向やお節介が，時に，対人関係場面で軋轢を起こすことがある。つまり，人を構いすぎる傾向があり，良かれといった思いから，人に世話を焼こうとするが，時に，それを良くは思わないような，余計なお世話だと思うような人がいるといった場合である。また，この性格の型の女性の中には，子どもが大人になっても，その世話がやめられず，「やってあげている」のに子どもが彼（女）らの言うことを聞かない，と不満に思うような場合がある。それがその人たちに悩みや不安・緊張や不満をもたらすことがある。

余談ではあるが，ヒステリー型の性格の女の人たちは，この世話好きな傾向からか，条件さえ整えば，子どもを作ることにあまり躊躇がないように思える。つまり，彼女らは，子どもの世話をすることに負担を感じることは少なく，むしろ，世話をすることに喜びを感じることが多いように思われる。ただ，子どもに対する世話好きは，子どもが比較的小さい頃に限られ，子どもが思春期に入り，親がコントロールができなくなると子育ては逆に葛藤の種となる可能性が高い。

5. 人に気を遣う傾向

前向きで，明るいといった性格傾向の反面，特に人との関係では，"人に嫌われてないか"などといった不安があり，まわりの人の目を気にする傾向がある。また，人の中にいる時，"みんなに好かれたい"，"気に入られたい"といった欲求から，相手が好む話題を出したり相手に対して過剰に話を合わせようとしたりするなど，まわりに気を遣う傾向がある。このことも，神経の疲労や興奮を引き起こす一因となっている。

このような傾向は，初診時，最初にあいさつをした時，"愛想笑い"をするという形で表されることがあり，それが，この型の性格を特定する時の，判断の材料の１つになりうる。

　このように気を遣う傾向は，彼（女）らが人の言葉などを"気にする"傾向があることと関連していると思われる。つまり，この型の人たちの中には，まわりの人たちの言葉に傷つきやすく，言われたことをいつまでも引きずってしまうような傾向がある人たちである。そのため，彼（女）らは，長い間，落ち込んだり，不満を抱いたりすることがある。自分が傷つくのだから，自分の言葉で相手を傷つけてしまうこと，それで相手からネガティブな感情を向けられることを恐れる。それが，人に嫌われないように気を遣う傾向につながっているものと考えられる。

6．相手をコントロールしようとする傾向

　この型の性格の人たちには，ものごとへの基準，つまり，"こだわり"があり，特に，身内の人たちには，その自分の考えを押しつけようとする傾向があることについてはすでに述べた。また，この人たちには，人を構いたいといった欲求があることが多いこともすでに述べた。このように"押しつけ"的に"構いたい"といった傾向から，それが，自分の思い通りに相手をコントロールしようとする行動につながることが多い。彼（女）らに子どもがいる場合，育児やしつけなどを完璧にやろうとする傾向とも重なって，自分の思いから，子どもを一方的にコントロールしようとする傾向が見られる。だが，子どもが思い通りにならないことが少なくはない訳だから，その場合は，子どもからの反発や子どもとの衝突が起こり，このため，苛立ったり，悩みや葛藤を抱えたりすることになる。

　ところで，ものごとへのこだわりの強い人たちは，家族の誰かが家事をやる場合にも，そのやり方がすべて"自分と同じ"でないと気に入らない。そ

こで，少しでもやり方が違うと，相手に対して文句をつける。文句をつけられた家族は，当然，面白くはないから，反発をする。その結果，喧嘩になったり，「もう，その仕事はしない」とその家族が家事をしなくなったりすることになる。

　また，この性格型の中で，より攻撃的な傾向の強い人たちの中に，職場で自分の部下や後輩に対して，相手の考えを理解しようとせず，一方的に自分の考えを強く押しつけようとする人たちがいる。パワー・ハラスメントにもなりかねないような，社会的に見て問題のあるような行動であるのだが，彼（女）らは，そのことを自覚したり，そのことを反省したりすることは少ない。

7．心的外傷や挫折体験を受けやすい傾向

　この性格傾向の人たちは，元来，明るく，ものごとに対して前向きで，人づき合いもいい人たちである。その反面，たとえば，虐待やいじめといった，精神的に人から傷つけられるような体験により，それらが心的外傷になりやすい傾向がある。明らかな虐待やいじめではなくとも，人間関係上の軋轢も，それが心的外傷になることがある。ちなみに，Freudは，幼児期における性的な出来事が心的外傷となり，それが抑圧された結果，そのエネルギーが身体的な症状に転換され，それによりヒステリー症状が現われるといった，ヒステリーの心的外傷説を提唱した。

　この心的外傷によるフラッシュバックが起こると，怒りや落ち込みが現われる。この感情に対処するため，自傷行為や過剰服薬が繰り返されることもあり，これらの激しい行動化のため，この性格型の人たちが境界性パーソナリティ障害と誤診されることもある。

　この人たちは，もともと，ものごとに対して積極，果敢に立ち向かっていこうとする人たちである。だが，うまくいかないことがあまりに続くと，時に，それが挫折体験となり，一転，"気弱"になってしまう傾向がある。つ

まり，強い半面，折れやすい傾向がある。

　ついでだが，後に述べる【事例3】のように，いじめ等による心的外傷のある人たちの中には，「まわりから（自分が）嫌われているのではないか」とか，「まわりから（自分が）変に思われているのではないか」など，まわりに対して関係被害的になる人たちが少なくない。このため，外に出られなくなる人たちもいる。後に述べる統合失調型素因の人たちにも，このような関係被害的な体験をもつものも多い。だが，その人たちのそれと違って，ヒステリー型性格の人たちの関係被害的な体験は，外傷体験によるものとして了解ができることが多い。

8. 過呼吸

　全員ではないが，この性格傾向をもつ患者たちには，過呼吸発作の既往をもつものが多い。

　この型の人たちは，すでに述べたように，バタバタとした生活が続いたり，人に対する気働きが多かったりするので，神経的に興奮しがちである。また，身近な人たちとの間で精神的な葛藤を抱えやすいので，我慢を重ねることも多い。これらのことが，息苦しさや呼吸困難感や過呼吸を引き起こす場合がある。この型の性格であるか否かを識別する時，過呼吸の既往のあることが1つの参考材料となる。

9. 人と比べること

　先に述べたように，この型の人たちの関心は，外側に向く傾向があるので，自分がまわりの人たちから"どのように評価されているのか"，"どのように見られているのか"に関心が向きがちである。その結果の1つとして，自分と他者を比較しようとする傾向がある。他人との比較では，普通に考えれば，相手に対して優位にも，劣位にも感じられる場合があるはずである。だが，

この型の人たちは、基本的に向上心が強いため、人の比較においては、自分よりも優れた人たちと比較する傾向が多くなり、その結果、自分が人より劣っていると感じがちとなる。このため、ひそかに劣等感を抱いている、つまり、内面的に自分に自信のない人たちが少なくない。

10. 防衛的な傾向

　この性格の人たちは、特に外部からの批判には敏感なところがある。だから、自分の性格について、過去に、人から批判されたことのあるヒステリー型の人たちの中には、その性格についてたずねられた時にそれを否認する場合がある。たとえば、「そんなにこだわりはしない」とか、「完璧症でもない」など、自分の性格についてすんなり受け入れられず、なかなか認めようとしないところがある。つまり、"防衛的"である。それは、"気が小さい"などの自分の弱味も含め、自分たちの性格を、比較的すんなりと認める強迫型の人たちの態度とは好対照をなす。

ヒステリー型性格の人たちによく見られる疾患とその事例

　ICD-10 等の疾患の中で、このタイプの性格傾向をもつ人たちによく見られる疾患とは、次のものである。

　①解離性障害、身体表現性障害
　②気分障害の中の、軽症うつ病や気分変調症、月経前気分不快障害
　③神経症性不眠、心的外傷後ストレス障害、パニック障害
　④適応障害（一部）、不登校
　⑤神経性大食症（一部）

【事例1】　50歳代後半，男性，神経症性不眠

　これまで，上司との関係がうまくいかなかったことで，4回の転職歴がある。当院受診の10数年前から，中途覚醒後に眠れないことが続き，当院受診の1年半前に精神科を受診し，睡眠導入剤を処方される。当院へは，薬に頼らない方法を知りたいとのことで来院する。

　不眠（生理的不眠）に対しての非薬物的な対処法についての助言や指導を行った後，クロールプロマジン12.5mg，クロキサゾラム1mgを就寝2時間前に服用するよう，処方を行う。「寝つきはいいが，途中で目が覚め，後は眠りが浅い」とのことで，最終的に，クエチアピン25mg，クロキサゾラム1mgに薬を調整する。その後，途中で目覚めることは少なくなり，6〜7時間は寝ており，30分程度昼寝もしているとのことである。また，睡眠が十分とれると，「精神的にも落ち着く」とのことである。

【事例2】　30歳代後半，女性，適応障害（抑うつ状態）

　X－2年前位から，職場で上司から理不尽なことを言われるようになり，そのため，蕁麻疹が起こるようになる。当院受診の数カ月前から，なかなか寝つけない，何をしても楽しくない，人と話すのが億劫，気分が憂うつ，苛々して言葉で子どもに当たる，等の症状が認められ，家族に勧められ，X年2月に当院を受診する。

　スルピリド50mg，クロチアゼパム5mgを1日3回，毎食後に，クロールプロマジン12.5mg，クロキサゾラム1mgを就寝2時間前に処方する。それとともに，その上司に対しては，淡々とした態度で接すること，話は適当に聞き流すこと，うまく立ち回ること，上司への不満は家族や友人に愚痴を言って解消することなどを助言する。薬をのんだ後，精神的に楽にはなったとのことだが，職場の状況はあまり変わらず，精神的なストレスは少なくないと訴える。その後，生理がこないとのことで，スルピリドをパーフェナジ

ン 2mg 1日2回に，不眠が改善しないとのことで，クロールプロマジンをクエチアピン 25mg に変更し，情動の安定のために，アリピプラゾール 1.5mg を追加する。

【事例3】　10歳代後半，女性，気分変調症

　中学生の頃，自分の悪口を言われているといった話を友人からきいて以来，人が自分を悪く思っているのではないかと不安になる。このため，人と話す時に顔が引きつる，人の目を見て話ができない，人と会うのが億劫，時に何もしたくないことがある，学校に行くのが嫌で頭痛や動悸が起こる，等の症状が認められ，当院を受診する。ヒステリー型性格ということで，スルピリド 50mg，タンドスピロン酸塩 10mg を各毎食後に3回，処方をする。その後，電車の中でも人の目が気にならない等，完全ではないが良くなっているとのことである。

【事例4】　20歳代前半，女性，気分変調症

　以前から，気分の波があったようだが，X年8月頃から，落ち込みがひどくなり，何もしたくない，いらいらして子どもに当たる，死にたくなるといった状態となる。このため，X年9月に当院を受診する。パーフェナジン 2mg，ロフラゼプ酸エチル 1mg を朝食後に処方したところ，抑うつ症状は改善傾向を示す。ただ，その後，夕方の落ち込みやイライラ感があったため，パーフェナジン 2mg，ロフラゼプ酸エチル 1mg を1日2回，朝，夕食後に，不眠のため，クロールプロマジン 12.5mg，クロキサゾラム 1mg を就寝2時間前に処方する。その後，なお情動が不安定なため，アルピプラゾール 1.5mg を朝食後に追加する。さらに，抑うつ的な状態がより強まったため，スルピリド 50mg，ブロマゼパム 2mg を1日3回，毎食後に，アルピプラゾール 3mg を朝食後にという形で，処方を変更する。夫にいろいろ要求す

るため，喧嘩になるとのことだったので，"相手を変えようとはしないこと"といった助言を行う。

【事例5】 40歳代前半，女性，気分変調症

X－2年，子どもが通う幼稚園での母親たちや親族との付き合いで疲れ，手足の冷え等の身体症状が現われる。かかりつけの内科を受診し，自律神経失調症と言われ，抗不安剤を処方される。その後，子どもの幼稚園で嫌な思いをした後，抗不安剤を大量に服用し，緊急に入院となった。このため，精神科を受診し，1年位，通院する。幼稚園で子どものことで他の母親から注意をされるようなことがあると，長時間，子どもをきつく叱ることがあり，「(自分に) 治療の必要があるのか」とのことで，X年4月，当院を受診する。パーフェナジン2mgを朝，夕食後の2回，処方する。その後，子どもに対してすぐに怒らず，子どもに理由を聞くなどの対応ができるようになったとのことである。

【事例6】 60歳代前半，男性，軽症うつ病

家族について心配ごとがあり，X－1年春頃から不眠となり，内科で睡眠導入剤（トリアゾラム～0.5mg，エチゾラム～1mg）が処方される。X－1年秋頃から食欲が低下し，検査を行ったところ，X年1月に胃がんが見つかり，3月に手術を行う。また，X－1年秋頃から，頭がすっきりしない，忘れっぽい，脈が速くなる，手足が冷える，新聞を読む気がしない，テレビ鑑賞も1時間位しか集中が続かない等の症状があり，胃がんの手術後もそれらの症状が治らないとのことで，X年5月に当院を受診する。スルピリド50mg，クロチアゼパム5mgを1日3回，毎食後に，クエチアピン12.5mg，クロキサゾラム1mgを就寝2時間前に処方する。2週間後に来院した時には，上記の症状はほぼ改善したとのことである。ただ，睡眠の途中で目が覚め，その後，

なかなか寝つけないとのことで，クエチアピンのみ，25mgに増量する。その次の来院時には，途中で目が覚めても，また，すぐに寝つけるとのことで，内科から処方された睡眠導入剤を一切服用してないとのことである。

【事例7】 30歳代後半，女性，身体表現性障害

　X－5年に家を購入するが，近所の人に嫌がらせじみたことを言われ続けたことが精神的なストレスとなり，さまざまな身体症状が出現する。このため，X－3年に精神科を受診する。本人は「そのことを夫が理解してくれない」と夫に対して不満で，また，夫も仕事で精神的なストレスを抱え，"うつ"で会社を休んでいたこともあり，一時，夫婦の関係が悪化する。結局，家を売却した後，X－1年10月に引っ越し，それに伴い，X年6月に当院を受診する。初診時，動悸，息切れ（呼吸困難感），めまい，吐気，微熱，手足の遠位部のしびれ感等の身体症状の他，苛々して子どもを怒るといった訴えがあった。このため，スルピリド50mg，クロチアゼパム5mgを毎食後，3回と，アルピプラゾール1.5mgを朝食後に処方する。その後，眠くなるとのことで，スルピリドのみ服用しているが，手足のしびれ以外の症状はまったく見られないとのことである。

【事例8】 60歳代後半，女性，身体表現性障害

　X－8年に難病を発症し，うまく家事をこなすことができなくなる。そのような状況の中，夫が本人の思うようには動いてくれないことや，いまだ自立していない子どもが2人もいることで悩む。病気になってからは，友人との交流も断ち，それまでやっていた趣味の活動も止めたとのことである。X－2年にも同様の症状が認められたが，再び，X年5月に胸痛，上半身の熱感と発汗，動悸，息苦しさ，全身の血が引く感覚などの身体症状が現われ，当院を受診する。スルピリド50mg，クロキサゾラム1mgを1日3回，毎

食後に，クロールプロマジン 12.5mg，クロキサゾラム 1mg を就寝2時間前に処方する。その後，身体症状は徐々に消褪し，睡眠導入剤をのまなくても夜も眠れるようになったとのことである。夫については，「夫を変えようとしても，うまくいかない」，「夫のやり方で，手助けしてもらうしかない」といった助言を主治医は行った。

【事例9】 20歳代前半，男性，パニック障害
　高校1年生の夏頃，蒸し暑い環境で運動中に吐気が起こり，熱中症になるのではないかといった恐怖感に襲われる。高校3年生になってから，精神科に通院するようになる。大学に入学後，地元を離れたため，転院が必要となり，当院を受診する。受診時，塩酸セルトラリン 25mg，スルピリド 50mg，ブロマゼパム 1mg を朝，夕食後に2回服用しており，その他，身体症状が起きた時などに，頓用薬として，ロラゼパム 0.5mg を使用していた。ただ，当院受診前には，ロラゼパムを服用していたにもかかわらず，めまい，頭痛，吐気等の身体症状が続いていた。このため，初診時に，パーフェナジン 2mg，ロフラゼプ酸エチル 1mg を朝，夕食後に2回服用する形で追加処方した。その後，授業中の吐気や運動時の不安がなくなり，頭痛も減少し，本人は"効き目があった"と述べている。その後，スルピリドを中止し，また，徐々に塩酸セルトラリンを減薬し，最終的に中止する。だが，症状の悪化は認められていない。その後，サークル活動で忙しい日々を送っていて，薬を飲み忘れることも徐々に多くなる。最終的には，頭のふらふら感や喉の締めつけ感などの身体症状が現われて不安になった時のみ，ブロマゼパム 2mg を機会的に服用するようになる。予期不安はなくなり，かなりの身体的な活動を要するようなサークル活動にも，以前のように回避をせず，積極的に参加ができるようになったため，"自信を取り戻した"とのことであった。上記のように，機会的に服用するようになったので，ブロマゼパムを頓用で服

用する形に切り替え，その後は，1年に3回位，頓用薬を取りに来る形で通院は細々と続いている。

【事例10】 30歳代後半，女性，パニック障害
　しばらく前から，家族との間に葛藤を抱えていたが，突然，息苦しさが始まり，それが治まらないため，救急車を呼び，病院へ搬送される。その後，精神科を受診し，抗不安剤の処方を受けるが，不安や呼吸困難感などの症状は，日によって波のある状態で，日常生活の活動も制約を受けており，このため，当院を受診する。すぐに，パーフェナジン2mg，ロフラゼプ酸エチル1mgを処方するが，数日後には，呼吸困難感などの症状は改善をみせる。その後，主治医は，不安の起こりそうな状況に直面することを患者に促し，徐々に，車の運転や遠出のドライブ，電車やバスへ乗ることが可能になりつつある。受診4カ月後から，ロフラゼプ酸エチルを減量，中止するが，動悸や呼吸困難感が再燃したため，再服用する。受診10カ月後から，再び，ロフラゼプ酸エチルから減量を始めている。

【事例11】 30歳代前半，女性，パニック障害
　10年前から，パニック障害で精神科に通院歴のある患者で，長い間，抗不安剤の服用を続けていた。妊娠を機に服薬を中止するが，電車やバスや高速道路上で車へ乗ること，また，歯科医への受診はできないままであった。東日本大震災後に，子どもと2人でいる状況になると不安になり，過呼吸，嘔吐，めまい等の症状が起こるようになり，当院を受診する。パーフェナジン2mg，ロフラゼプ酸エチル1mgを処方するが，その後，過呼吸等の身体症状は改善をみせる。また，事前にアルプラゾラム0.4mgを頓用として服用はしているが，歯科医に受診したり，一般道の渋滞状況や高速道路で車に乗ったりすることもできるようになる。ただ，時に，子どもと2人でいる時

に不安から過呼吸気味となることがあり，アルプラゾラム0.4mgを頓用として服用している。その後，不安が続き，イライラ感があるため，パーフェナジン2mg，ロフラゼプ酸エチル1mgを朝，夕食後2回服用するように増量した。

【事例12】 10歳代後半，男性，解離性障害

呼吸困難感（過呼吸），手のしびれ感等の身体症状で始まり，その後，ふらつき，全身の痛み，健忘等の症状や"立てない，歩けない"といった状態が認められたため，通院していた内科からの紹介で，X年4月に当院を受診する。初診時，パーフェナジン2mgを1日2回，朝，夕食後に，クロキサゾラム1mgを1日3回，毎食後に処方し，3回目の通院からは，クエチアピン25mgとブロマゼパム2mgを1日3回，毎食後に，アリピプラゾール3mgを朝食後に処方する。徐々に症状の改善が認められるが，嫌いな授業がある時などには，ふらつきが見られるとのことであった。学校には2〜3時間位しかいることができず，通学の途中で倒れたりすることがあるとのことで，クエチアピン25mgとブロマゼパムを4mgを1日3回，毎食後に，アリプピラゾール3mgを1日2回，朝，夕食後といった形で，薬を強化する。X年10月，現在通学中の高校へ通うのは困難とのことで，通信制の高校に転校するが，その後は，ふらつくこともないとのことであった。症状の改善と日中の眠気のため，徐々にクエチアピンやブロマゼパムを減量していくが，症状の悪化は見られていない。

【事例13】 40歳代後半，女性，パニック障害，神経性大食症

X−3年頃に，胸の痛みが出現し，最初に受診した内科では"狭心症"と，次の内科では"精神的なもの"と言われたとのことであった。エチゾラムが処方され，それで症状は改善されていたが，X−1年秋頃から，家族につい

ての心労が重なり，それに伴い胸痛が頻繁となる。"寝ている時に発作が起きて死ぬのではないか"といった不安が起こり，夜間に1人でいることを怖がるようになったため，X年3月に当院を受診する。パーフェナジン2mg，ロフラゼプ酸エチル1mgの処方が行われ，1週間後に来院するが，その時，"無性に食べたい欲求"が消え，高校生の頃から続いていた過食・嘔吐がなくなり"不思議"，"普通に食事ができる"といった報告がなされた。また，胸痛については，「危険なものではなく，冷静に対処するように」との指導を続けたところ，次第に，予期不安はなくなり，夜間も1人で過ごせるようになっている。過食・嘔吐については，精神的に落ち込むと時に過食をしてしまうとのことであったが，その頻度は以前に比べるとかなり少ないものである。

ヒステリー型性格をもつ人たちへの薬物療法

この性格傾向をもつ人たちは，よく言えば，なにごとにも前向きで能動的で，攻めの姿勢が強い人たちだが，悪く言えば，ものごとに突っ込みすぎたり，日常生活で無理をしがちな人たちである。また，他方，嫌われたくないという思いから，まわりの人に気を遣いすぎたり，まわりの人のことを気にしすぎたりもする。その結果，一言でいえば，神経（脳）を働かせることが過剰となり，神経的に興奮したり，疲労しがちとなると考えられる。たとえば，ものごとを"きちんと"やろうとすれば，それは神経に無理を強いることになるかもしれない。また，納得いかないことがあると，それは，イライラ感など，神経的な興奮をもたらすだろう。それを我慢すれば，落ち込みなどの，神経的な疲れが起こる。人に気を遣うこと等で気働きが増え，それが神経的な無理に繋がるため，神経の興奮の後に疲労をきたす。神経の興奮は睡眠時間の減少や不眠を起こし，それが神経の疲労回復を損なうといった悪循環を形成し，最終的には，神経疲労に終わる。

つまり，この人たちは，脳を過剰に働かせてしまうことで，その結果，精神症状や身体症状を起こしてくるような人たちなので，その治療には，脳の神経の働きに対して，一定程度，ブレーキをかけるような，つまり，その働きを抑えるような薬物が有効である。神経の過剰な働きに抑制的に働くということを，患者の体験的な観点から言えば，"余計なことを考えない"，"余計なことが気にならない"，"不必要に不安にならない"，"マイナスの方向にものを考えない"といったことになる。そのような作用をもつものは，薬の種類で言えば，主にドーパミン系，部分的にはノルアドレナリン系の神経伝達に軽く抑制的に働くような，抗精神病薬である。具体的には，スルピリド，パーフェナジン，クロールプロマジン，レボメプロマジン，クエチアピン，アリピプラゾール等の薬物で，それらは，精神病の薬物療法の観点から言えば，辺縁的な部類に属する薬物である。しかも，この人たちに用いる場合には，精神病状態に対して使用する用量と比較すると，かなりの少量で十分で，たとえば，スルピリドであれば，50～150mg，パーフェナジンであれば，2～4mg，クロールプロマジンであれば，12.5～25mg，クエチアピンであれば，12.5～25mg，アリピプラゾールであれば，1.5～6mgである（表1）。ちなみに，丹羽[3]も，ヒステリーの薬物療法として，抗不安剤のほか，少量の抗精神病薬を使用すると述べている。

　また，上述のようにこれらの薬物は，神経の興奮に対して，鎮静的に働くので，服用後，"興奮したような顔つきがなくなった"，"より冷静になった"，"淡々とした感じになった"といった印象を患者たちから受けることが多い。この"冷静になる"ということは，より認識（洞察）的な作業が必要とされる精神療法にとっても，それが有利に働く可能性が高いということである。したがって，精神療法を始めるのは，上記の薬物を患者が服用した後，2～4週間後以降の方が有効となる可能性が高くなる。

　薬剤の選択で言えば，筆者は，抑うつ状態が主であれば，スルピリドを，

表1 ヒステリー型性格の人たちに対する薬物療法

薬物	用量	特に有効な症状
スルピリド	50〜150mg	抑うつ症状
パーフェナジン	2〜4（6）mg	イライラ感，気分変調
コントミン	12.5〜25（50）mg	不眠
レボメプロマジン	5〜15mg	不眠，イライラ感
クエチアピン	12.5〜25（50）mg	不眠，焦燥感
アリピプラゾール	1.5〜3（6）mg	フラッシュバック

　イライラ感が強かったり気分に波のあるような場合は，パーフェナジンを，不眠があれば，クロールプロマジン，レボメプロマジン，クエチアピンを処方している（表1）。また，心的外傷が症状と関係している可能性があれば，アリピプラゾールを処方しているが，これは，アリピプラゾールがフラッシュバックに有効であると述べた神田橋[4]の処方を取り入れたものである。

　ところで，抗精神病薬には，興奮を抑えるといった鎮静作用があり，相対的に過剰に服用し続けた場合，過鎮静となり，"薬剤性抑うつ"が起こるとされている。つまり，神経の働きに，過剰にブレーキをかけてしまう状態である。これは，上記のような，鎮静作用の少ない薬剤を少量使用した場合でも，まれに起こることを筆者は経験している。精神症状や身体症状に対して，上記の薬物を使用し，症状が改善された後も，同量の抗精神病薬を漫然と続けている時，明らかな誘因もなく，意欲低下が起こる場合がある。その時は，薬剤性抑うつの可能性を考え，抗精神病薬の減量を試みるべきである。それで，意欲低下が改善されたならば，薬が抑うつの原因だった可能性が高い。

　なお，これらの少量の抗精神病薬に加えて，不安・緊張を和らげたり，神経を鎮静したりするため，適宜，抗不安薬を追加すると症状改善に役立つことが多いと考えている。不安・緊張感が軽度で，副作用の眠気が強く出そうな人たちには，タンドスピロン酸塩を1日量で15〜30mg，不安・緊張感

があり，多少イライラ感も見られるような人たちには，クロチアゼパムを15mg，動悸や呼吸困難感やイライラ感の強い人たちには，クロキサゾラムを3〜6mg，パニック障害と診断されるような人たちには，長時間型の抗不安剤であるロフラゼプ酸エチルを1〜2mg処方している。

　これらの抗不安薬は，不安・緊張やそれによる身体症状を比較的速やかに解消するのに有効であり，逆に，薬効が切れた時に症状が再び現れることもあるので，長期投与した場合には，時に，これらの薬物に対して患者が依存的となる可能性がある。したがって，症状改善後，薬物の減量や中止を行う場合には，抗不安薬からそれを行うことが望ましい。一方，上記の抗精神病薬は，薬物の減量や中止によりすぐに症状や状態が悪化したという感覚は少ないので，薬を止めるのに患者の抵抗感は少なく，薬物の減量や中止はより容易である。

　ちなみに，抑うつ症状が見られるといった理由で，この性格の型の人たちに抗うつ薬である，SSRIを服用させた場合，副作用としての，嘔気・悪心，嘔吐などの消化器症状が起こる確率がはなはだ多い。このことは，SSRIを服用しても，ほとんど消化器症状が見られない強迫型やパニック型の人たちとは好対照をなす。この現象を利用することで，逆に，性格の型を特定したり，修正することができると考えている。

　ところで，まれなことではあるが，この性格型の人たちの中で，挫折体験のため，"心が折れ"ひどく"気弱"になり，抑うつ感情が続いているような事例がある。そのような場合，SSRIを追加投与することで，その抑うつ感情が改善されることを経験している。その時には，SSRIを使用したことでの，嘔気・悪心などの副作用が見られない。ただし，その事例の精神状態がかなり安定してきた時点で，SSRIの継続使用のため，過度に活動的となるリスクがあるので，SSRIを慎重に減量，中止することが望ましい。

ヒステリー型性格をもつ人たちへの精神療法

上述した性格傾向が精神症状発現の要因の1つになっている可能性があり，それぞれの性格傾向に対応した，精神療法的なアプローチが考えられる。その多くは，助言や指導といった形をとり，外来で，比較的，短時間でも行える簡易精神療法に類するものである。

1. "のんびり"，"ゆっくり"と生活をすること

先に述べたように，"きちんとやらないと気が済まない"とか，一日のスケジュールを決め，その通りに予定をこなそうとするといった性格傾向のため，日常生活は，どうしても，"バタバタ"としたものになりやすい。それが神経的に興奮や疲労をもたらし，精神科的な症状を現わすことが多い。このような患者には，たとえば，"やることが1つ終わったら必ず休憩する"とか，"ものごとが予定通りに進まなくても気にしない"とか，"睡眠を十分とる"とか，なるべくのんびりとした，ゆっくりとした生活をするよう指導を行う。

2. 必要以上に，人に気を遣わないこと

この性格傾向の人たちは，人に嫌われないよう，また，人に好かれようとして，人に気を遣い，それで疲れている。

このような人に気を遣う人たちに対して筆者は次のような助言を行う。

(1) 人は"無関心"である

このような，人に気を遣う人たちに対して，まず筆者が話すことは"人は無関心"という考えについてである。それは，"一般に，人というものは他人に対してあまり関心を持たないもの"ということである。

通常，人とは自分のこと，つまり，自分の仕事や趣味，恋人や家族などの

親密な人たちのことに関心を向けるものの，それ以外のことにあまり関心はない。

たとえば，人と話す機会があり，その場で世間話程度の話をしたとする。話の中身次第では，相手と話が合ったり，話が盛り上がったりしたことで，相手を心地いい気分にさせるかもしれない。でも，場合によっては，話が途切れ，その場が多少しらけた雰囲気となったり，多少言い過ぎたりすることで，ほんの少し相手を不愉快な気分にさせることもあるかもしれない。話し合いの場面では，多少とも，心地よさとか不快さといった感情が相手に起こることはあるだろう。

だが，話が終わり，相手の人と別れ，5分や10分がたった後，相手の人の頭の中にその会話の中身が残っていることはまれである。つまり，別れた後，その人の関心は次の行動に向けられており，ついさっきの会話の中身はほとんど頭から消えている。そして，1，2週間もたてば，たいてい，その時に何を話したかすらも，相手は忘れ去っているものである。

(2) 人に好かれることも嫌われることもない

今述べたように，基本的には，"人は他人に無関心"と考える。

たとえば，"人に好かれたい"と思い，一生懸命話を盛り上げたり，相手の好む話題を取り上げたり，相手に話を合わせたり，いろいろと相手に気を遣ったとする。そのことで，かりに相手が一時的に心地よい思いをしたとしても，時がたてば，相手はそのことを忘れていることの方が多い。だから，通常，そのことで相手が自分に対して"好意"をもつことはまれである。また，たとえば，多少言い過ぎて相手に不愉快な思いをさせたり，話が途切れたため場がしらけたりしたことがあっても，同様である。だから，次の機会に出会った時，相手がそのことで本人に"不快感"を示すことはまれなのである。

つまり，通常，好かれようと一生懸命気を遣ったとしても，相手に"好意"

をもたれることはなく，また，あまり気を遣わず多少言いたいことを言ったとしても，相手から"不快感"や"嫌悪感"をもたれることもないのである。

　もちろん，会話の中で起こった，些細な不快なできごとを気にして，それをずっと引きずり，それを根に持つような人たちもまれにはいる。ただ，その人は，"なにごとも気にしすぎる人たち"であり，すでに，そのような評価をまわりから受けているような人たちである。だから，そのような人たちのことを，ことさら気にする必要はないのである。

(3) 人に好かれたいと思った結果は，"疎外感"

　"人に好かれたい"と思っているような人たちは，さまざまな対人場面で，相手に好かれるため，一生懸命努力をする。たとえば，会話を盛り上げようとしたり，話を相手に合わせようとしたり，相手に対してさまざまに気を遣う。そのことで，相手が心地よい気分になることに気を配ろうとする。そして，彼（女）らは自らの努力の結果といったものを常に期待する。つまり，相手が自分に"好意"を持つことを，意識的，無意識的に期待している。

　だが，先に述べたように，"人は無関心"である。通常，気を遣ったことで相手がその人に特別に好意をもつようなことはまれである。だから，しばらくしてその相手に会った時，相手は自分に特別な好意を示すことはない。このため，彼（女）らは期待はずれだったと感じ，そのことにひどく落胆をする。それで"自分は誰からも好かれない"と思い込んでしまう。"嫌われているのではないか"とも勘繰ったりもする。"みんなは楽しそうに，親しそうに話しているのに，自分だけはその中に加えてもらえない"と思い，"疎外感"を感じる。つまりは，"人に好かれたい"と思えば思うほど，それだけ，"誰にも相手にされない"といった疎外感や孤独感を感じてしまうものなのである。

　そもそも，人が自分に好意を抱くかどうかは，自分の気の遣い方というよりも，相手次第であると思う。人は，本人の性格や資質や社会的な立場等に対して，一方的に好意の念を抱くものである。一般的に，人は気の遣い方と

は無関係に相手に好意を抱く。

(4) 人に好かれたい人たちは，相手にとってただの都合のいい人たち

　先に述べたように，"人に好かれたい"と思うような人たちは，人が心地よさを感じるよう，また，不快感を抱かないように，一生懸命，相手に気を遣う人たちである。

　相手から気を遣われれば，人は悪い気はしないものである。つまり，気を遣う人とは，相手にとっては，座を盛り上げてくれる楽しい人であったり，話しやすい人であったり，何でも話を聞いてくれる人であったり，自分の言い分を何でも受け入れてくれる人であったり，気を遣わなくてすむ人であったりする人たちである。そのような人たちは，相手にとって，単に，"都合のいい人"，"便利な人"にすぎない。そのように，一緒にいて心地よい，利用価値のある人である限り，確かに，人はその人に近づいてくるかもしれない。でも，それは，なんらかの"利益"があるから近づくのである。それは，その人に心からの好意や親しみを感じていることとはまったく別のことなのである。

(5) 人に嫌われたくないと思えば，結果は"人嫌い"

　人に嫌われたくないと思えば，相手に不快感を与えないように，常に気を遣ってなければならない。また，相手が何を考えているか，相手の心を読まなくてはならない。つまり，相手が気を悪くすることのないように，話す言葉をよく吟味したり，無理をして話を合わせたり，嫌なことでも相手に付き合ったり，常に相手の顔色を伺ったり，その場の雰囲気を暗くしないように気分を無理に上げたりしなければならない。

　だが，それらは"神経的に"かなりエネルギーを必要とするような作業である。だから，気を遣う人たちは，人と接した後，ひどく疲れる。疲れるので，それを繰り返すごとに，人とかかわることを次第に負担に感じるようになり，人と会うことがとても苦痛に思えてくる。その結果，人と接するのが

嫌になり，そのような状況をなるべく避けるようになってしまうのである。

人とかかわるのを避ければ，一旦は，そのことでの負担や重圧から精神的に解放はされる。人とかかわらなくてすむことで，楽にはなる。ただ，人との交流を避ければ，人とかかわることへの負担感のハードルはより高くなってしまう。つまり，以前にも増して人とかかわることが負担と感じ，その結果，人とかかわりを避けるようになり，孤立し引きこもってしまう。

(6) 結局は，独り相撲

人からどう思われているかを気にするような人たちや，人に気を遣うような人たちは，人と話した後，自分の話したことで相手が気を悪くしたのではないかと思い悩むことが少なくない。つまり，あんなことを言わなければよかったとか，みんなにつまらない思いをさせたのではないかと後悔をする。

彼らがそのように考えるのは，たぶん，彼ら自身が人の言ったことやしたことを気にしてしまうように，相手も彼らの言ったことや，したことを気にするのではないかと考えてしまうからなのだろう。また，自分が気にしたことをあまり他の人に話したり相談したりすることはせず，自分の中で抱え込んでしまうので，そのような考えや気持ちの切り換えができず，引きずってしまうのかもしれない。

そのようにして彼らは思い悩んでしまうのだが，先に述べたように，基本的に，人は無関心である。会話の中で多少不愉快と感じたことがあったとしても，普通，それを人は気にし続けることはない。時間がたてば，何を話したかも忘れている。このように，相手はまったく気にしてないのに，気を悪くしたのではないか，嫌われたのではないかと思い続ける。それは，ただの思い込みであり，"独り相撲"にすぎないのである。

3. 人はなかなか変わらないこと

"人に対するコントロール傾向"の項でも述べたように，この性格傾向の

人たちは，人を自分の思い通りにコントロールしようとする傾向がある。当然，相手にも独自の考えやものの見方や基準というものがある訳だから，その人たちの思い通りにはならないことの方が多い。だが，この性格の人たちは，"正しいこと"，"常識的なこと"を相手に要求しているにすぎないといった感覚や意識があり，"わかってくれない"とか，"やってくれない"等，相手に対して怒りを爆発させたり，苛立ったり，不満を抱いたりする。それらの行動は，結局のところ，"相手に変わってほしい"という気持ちの表れである。ところが，彼（女）らの考えに納得をしていない相手を変えることは，かなりのエネルギーを要する作業である。理路整然とした説得や泣き落としや脅迫なども，それらで簡単に相手が考えや行動を変えることはまれである。多くの場合，相手も感情的になれば，喧嘩となるだけに終わる。そのことが，一層，相手に対して，腹を立てたり不満をもったりする結果となる。

　つまり，相手を変えようとすることは，多くの場合，時間や労力の無駄である。うまくいかずに不快な感情を抱き続けることで，自らの精神状態を悪化させ，辛い思いを積み重ねるだけである。つまり，うまくいかないやり方を何度繰り返していても，それで好ましい結果が生まれることはまれで，その努力は徒労にしか終わらない。だから，そのように助言をした後で，彼らに，相手を変えようとする努力を止め，そのかわり，自分の考え方やものの見方を変えるように助言をする。その方が楽であると説明をする。"自分を変える"というのは，相手は容易には変わらないことを受け入れたり，時間が解決すると考えるようにしたり，自分の趣味や楽しみにエネルギーを使うようにしたり，そんな相手には見切りをつけて距離を置いたりすることである。

4. "自分は自分，人は人"であること

　前に述べたように，この型の人たちは，人と比較しようとする傾向が強く，その結果，ひたすら，自らの劣等感に悩むことになる。

合理的に考えれば，人というものは，能力や資質などにそれぞれ違いがあるのが当然で，人が自分より優れていたり劣っていたりすることは避けられないことである。そのことで悩んでいても，いたずらにエネルギーを費やすだけで，あまり意味はない。それよりも，劣った属性も優れた属性も自分のものであると受け入れることができれば，つまり，自分を丸ごと受け入れることができたら，劣等感に悩むこともなくなり，自信をもつことができるようになる。そのように，助言することがこの型の人たちに役立つのである。

参考文献

1) 河合隼雄：外向．保崎秀夫，笠原嘉，宮本忠雄，小此木啓吾共編：精神医学事典，弘文堂，東京，1975．
2) 茂木洋：ヒステリー．氏原寛他編：臨床心理大事典，培風館，東京，1992．
3) 丹羽真一：ヒステリー．中島義明，安藤清志，子安増生他編：心理学辞典，有斐閣，東京，1999．
4) 神田橋條治，兼本浩祐，熊木徹夫編：精神科薬物治療を語ろう．日本評論社，東京，2007．

第3章
強迫型性格

強迫型性格とは

　そもそも，強迫型性格というものを考えるようになった始まりは，Salzman[1]による『強迫パーソナリティ』という本（成田善弘，笠原　嘉訳）を読んだことによる。彼によると，"強迫的防衛"とは，"人間に本質的な無力さや頼りなさに対処するため，自分自身の肉体へのコントロールや，自分のまわりの物理的世界へのコントロールに頼ろうとする1つの試み"である。また，それがうまくいくと人は，"安全と強さの幻想"を自分に取り込むことができるという。彼によれば，そうした強迫的なパターンは，正常なものから，生活に障害を及ぼすものまでの"スペクトル"を形成するものであり，それが症状を形成するまでに至った時，強迫神経症や抑うつや恐怖症などの疾患として現われてくる，という。このように，強迫パーソナリティを基盤としてさまざまな疾患が現われるといった彼のアイデアをもとに，筆者は，彼とは違った観点からではあるが，強迫型性格といった概念を徐々に形作っていく。

　笠原[2]は，Salzmanの"強迫スペクトラム"といった表現にならい，一連の相互的に関連し合う性格学的系列を考え，それを"強迫性格スペクトラム"と呼んだ。それには，制縛性格，敏感性格（Kretschmer），神経質（森田），受身的攻撃性格，強迫傾向をもった未熟な性格，執着気質（下田），メラン

コリー親和型性格などの性格類型が含まれると述べている。彼によれば、それらの性格には、強迫性格といった共通の要素がありながら、たとえば、メランコリー親和型性格では対他的配慮が見られるが、逆に、制縛性格では自己中心性が見られるなど、相違点もあるとしている。

また、神経性無食欲症や過食症といった摂食障害を長年研究していた下坂[3, 4]は、後年、"摂食障害者は強迫的な性格（obssesional personality）の持ち主である"と考え、"摂食障害の症状それ自体、強迫性の表現とみなすことが可能である"と述べている。それについて彼の著作[3]を引用してみよう。

　"無食者の場合は、並外れた肥満嫌悪にとらわれ、きりなく痩せていくことによって安心、確実、達成、優越といった諸感覚を手に入れようとする。そのためには、食物の摂取量を過度に明瞭な意識を通して常に制限していかなければならない。食品のカロリー計算がたちどころになされ、日に何度となく体重計に乗ったり、鏡でやせをしばしば確認したりするのは当然と言わなければならない。痩せようとする努力の結果が、何キログラムという数字によってたちどころに明確に証明されること、自分が、自分の思い通りにならぬ自分を、唯一摂食という形で自在にコントロールできるというこの体験——これこそ強迫性格者の望む体験である——は、自我の脆い自己評価の低い——過大評価も併存しているが——彼らに、自分にも力があるという感覚を与えてくれる。これは大きな救いといえる。"

以上のことから、筆者は、強迫性障害、社交恐怖、古典的うつ病だけでなく、神経性無食欲症や神経性大食症の人たちに対する臨床の場面で、彼（女）らを強迫型性格をもつ可能性のある人たちと考え、筆者なりの観点から、その性格傾向を明らかにすることを試みた。そのことは、強迫型性格のありようを特定するのに大いに役に立ったのである。

強迫型性格をもつ人たちの特徴

1. 気の小ささ

「あなたの性格で,気が小さいところはありますか」といった質問に対して,この性格傾向の人たちは,一般的に,さほどのためらいもなく,それを肯定する。"気の小ささ"についての具体的な内容は,さまざまである。たとえば,人前であがりやすい,小さいことを気にする,細かいことでも裏付けを取らないとだめ,怖い人を避ける,人から反感を買わないように気をつけるなどの答えが返ってくる。気の小ささというような性格傾向は,普通,その人の弱味に当たるようなことと思われるので,それを肯定することには多少躊躇や抵抗がありそうであるが,この人たちは,それを直ちに認めて,隠そうとはしない。かりに「ビビり」といった言い方をしても,それをすんなり受け入れ,反論はしない。

ところで,この"気の小ささ"についての質問をヒステリー型性格の人たちにした場合,彼(女)らはもともと大胆であり,気の小ささを"弱味"として受け取る可能性が高いので,否定されたり,沈黙がしばらく続いたりすることが多い。

2. 慎重さ,臆病さ

「新しく何かを始める時,とりあえず行動してみるのか,よく調べたり,じっくり考えたりしてから行動するのか」といった質問に対して,この性格傾向の人たちは,一般的に,後者だと答える。つまり,この人たちは,特に新しいこと,未知の分野に飛び込むことに,極めて慎重であり,いわば,"石橋を叩いて渡る"ような人たちであり,あえて危険を冒すことのないような人たちである。慎重なあまり,行動しないという選択をすることもある。ある意味では臆病でさえある。それは,何ごとにも,「やってみなければわか

らない，何も生まれない」と，多少の危険があっても，積極果敢に，"大胆に"行動するヒステリー型の人たちとは，好対照である。

　この性格型の人たちの中に，精神科的な症状が起こってもなかなか受診しない人たちが多いのは，この慎重さ，臆病さからくるものではないかと筆者は考えている。精神科といった，多少わけのわからないような診療科で，"どんな診断をされるのか"，"どんな薬をのまされるのか"が気がかりで，なかなか受診に踏み切れない。すでに症状は，精神科受診の数年とか，10数年前から始まっていることが多いのだが，受診をする時は，おそらく症状のため，自分が大切に思っている生活の一部にかなりの支障が生じた時である。

3. 失敗を犯さないための完璧さの追求

　前項と関連することだが，強迫型の人たちは，仕事でも，勉強でも，間違いや失敗を犯すことをひどく恐れている。このため，たとえば仕事で上司に提出する書類や郵送する郵便物の中身に誤りがないか，何度か確認をする。書類でも，一字一句までも指摘するなど，細かいことが気になってしまう。また，外出の時，戸締りやガス栓を締めるのがきちんとできているのかを何度も確認をする。だが，これが病的な水準になれば確認強迫となる。また，神経性無食欲症の人たちの中には，何グラム単位で食べ物の重さを計らないと食事ができない人たちもいるという。完璧を期すように細かいことにまで拘泥してしまい，まったく論文が提出できないでいる学生もいる。この人たちの完璧さへの追求は，失敗を恐れるところからきているので，ある意味で，"守り"である。それは，達成感を求めて，完璧さに向かって突き進むような，"攻め"のヒステリー型の人たちとは，好対照をなすものである。

4. 自分なりの生き方やあり方に対する固執

　この性格傾向の人たちには，"こうありたい"という思いがあり，自らの

生き方やあり方に対して強いこだわりを示す。ただ，その理想像は，"自ら"のものであって，ヒステリー型の人たちのように，それを他の人に対して示すこともなく，また，他人に強要することもない。あくまで，自分の中のものである。たとえば，ある古典的なうつ病の患者は，"時間を無駄にしていると自分が怠けていると感じ，無意識に「次は何をしなくちゃいけないか」と考える"という。つまり，怠けることや人に甘えることは，彼（女）らのあり方としては，到底，受け入れがたいものであって，自らを厳しく律し，課せられた課題を完璧に遂行しようとする。神経性無食欲症の人たちは，自分がやせていることに対してのこだわりがある。社会恐怖の人たちには勝気な傾向があり，彼（女）らは，人前でも決して動揺をみせないような自分のあり方に対してこだわりを示す。ある対人恐怖症の人は，哲学の勉強に対するこだわりがあり，ある種，世捨て人のような生活をしていても，それを気にしない。

　この強迫型性格の人たちは，先に述べたヒステリー型性格の人たちのように，自らの外の世界のものごとに対するこだわりはない。そのようなことは，ケースバイケースで変わるものだと，ある意味で合理的に考える。反面，このような自分なりの生き方やあり方に対してのこだわりは強く，それらの事柄に関しては，極めて"頑固"である。したがって，まわりの忠告や勧めがあっても，すんなり自らの考えを変えることはない。ただ，彼（女）らは，基本的に合理的な精神の持ち主であり，彼（女）らの現実吟味能力は正常に保たれているので，自分のこだわりが現実的なものではないことについては，わかってはいる。そのこだわりを変えようと思い始めるのは，そのこだわりのため，自分が大事だと考えている現実の生活の部分に大きな支障が及んだ時である。

　ちなみに，DSM-Ⅳ-TRの強迫性パーソナリティ障害の診断基準の1つとして，"硬さと頑固さを示す"という項目が挙げられている。

5. 自分のことが一番好き，自分のことが一番大事

　前項でも述べたように，この性格型の人たちの関心は，内向きであることが多い。つまり，"自分"のことに関心が向いている。だから，好きなものも"自分"であり，大事なものも"自分"ということになる。これは，ヒステリー型の人たちの関心が，多くは，外向きであり，他者に向きがちなことと，好対照をなす。たとえば，この性格型の人たちは，ヒステリー型の人たちのように，積極的に人の面倒をみたり，世話をしたりするということは少ない。だから，子育ては，楽しみというよりは，"責務"であり，負担である。古典的うつ病の母親が抑うつ状態の中で自殺念慮にとらわれた時に，"子どものことを考えると死ねない"といった葛藤を見せることもなく既遂に至ることがある。それは人の世話に対する欲求の乏しさ，子どもへの愛着や執着の乏しさからくるのではないかと，筆者は考える。

　また，関心が内向きということは，この性格型の人たちに，関係被害念慮は少ないはずである。これに対して，ヒステリー型性格の人たちは，関心が外向きであるので，すでに述べたように，特に，心的外傷のあるような人たちの中に，「人から見られている」などの関係被害的な症状をもつ人たちが多い。

　先に述べたように，この型の性格の人たちは，長所であれ，短所であれ，自分のあり方をすべて自分で受け入れていることが多いので，自分の内部での葛藤はあまりない。このため，劣等感を感じることは少ない。その意味では，彼らは自分に自信のある人と言える。ただし，表だってそのような態度は見せることがない。

6. 気位の高さ

　この性格傾向の人たちは，気が小さく，ビビりではあるが，それをまわりに悟られるような行動や態度はとらないため，まわりにそれを知られること

は少ない。それは，"守り"からではあるが，強気な態度や超然とした様相をまわりには見せているからである。まわりの人たちからは，"気位が高い"とか，時には，"尊大"といった印象をもたれることが多い。

7．ルールを守ろうとすること

　これも，気の小ささや慎重さの現われの 1 つであるが，この性格傾向の人たちは，ルールや規則を守らないことで起こるような，危険やトラブルや失敗といったものを恐れる。つまり，ルールを守らないことで，人の怒りを買ったり，人に後ろ指を指されたり，責任を追及されたりするような事態は極力避けようとする。そのため，ルールや規則を守ることに"固執"する。たとえば，この人たちは，校則など集団に対して決められているような規則やルール，あるいは，社会通念であるようなエチケットを守ったり，マニュアル通りに行動したり，説明書に書かれた通りに製品を使用したりする。

　彼（女）らは，これらのルールや規則といった，ある意味での"秩序"の中にいることで，それに護られており，安全で安心であると感じることができる。それを他人によって破られるといった体験は，彼（女）らに怒りや落ち込みを引き起こす可能性がある。この場合も相手からの反感を買うことは避けたいので，その怒りはその人に対して，直接，表現されることはなく，その人を忌避するといった形で消極的に示されるかもしれない。

　他方，ヒステリー型の人たちも，たとえば，エチケットやマナーなどの社会的なルールを守ることに固執することがある。だが，それらのこだわりは，"……すべき"といった自らの"基準"から生じているものである。それは，外界のあり様（秩序）を自らの基準をもとに形作ろうとするような，能動的，積極的なものであり，特に，身近な人たちには，その考えを強要するような，より攻撃的な様相を帯びている。

8. ものが捨てられないこと

ADHDの人たちには"ものが片付けられない"といった特徴があり、そのことはよく知られている。そうしたことが起こるのは、彼（女）らが、持続してものごとに注意を向けられず、そのため、片づけの作業が一向に進まないからである。一方、強迫型性格の人たちは、主に"ものが捨てられない"ために、家の中が片付かない状態となることがある。それは、彼（女）らの"気の小ささ"からくるものである。つまり、ものは一度捨ててしまえば、二度と自分の手には戻らない訳だから、後にそのものが必要になる事態が起きた時には、"後の祭り"ということになる。だから、ものを手放すこと、捨てることは、彼（女）らにとって"リスクを冒す"ことであり、そのことに対してとても臆病になってしまう。

このことは、DSM-Ⅳ-TRの強迫性パーソナリティ障害の診断基準の中でも、"感傷的な意味のない場合でも、使い古した、価値のないものを捨てることができない"といった形で述べられている。

9. 人からの怒りや反感を買うことを極力避けようとする傾向

これも、慎重さの現われの1つだが、対人関係において、間違っても、人の怒りや反感を買うことがないように、常に、言動や行動は慎重である。これも気の小ささから派生する行動の1つである。たとえば、多少理不尽なことを言うような上司に対しても、決して、不満や怒りを表に現すことはない。また、思ったことを言って、怒りの反応が返ってくる可能性のあるような相手には、決して言いたいことを言ったりはしない。ただ、ごく身近な人たちで、彼（女）らが怒りを示しても"安全"であると思えるような、"安全パイ"のような人たちについては、この場合の例外であり、しかも、その態度の変化はとても極端に見える。下坂[3]は、神経性無食欲症の患者の場合、"「誰からも後ろ指を指されまい」、「誰からも好かれたい」と思念"するなど、

"過剰適応的で，対人恐怖気味ともいえる（他人に対する）対人態度は，親しい他者（身内）に対しては一変"し，"他者を支配しようとする傾向が露呈する"という。

10. 虫嫌い

虫というものは，不潔で，毒や害となるものもいて，また，予想できない動きで人に近づいたりするような生き物である。そのような，言わば，得体の知れないようなものに対して，この性格傾向の人たちは多少とも恐怖を抱くことがある。「たとえば，部屋の中に小さな虫がいた場合，殺したり外に出したりして取り除こうと思いますか，それとも放っておきますか」といった質問で，この傾向を明らかにできる。

11. 気の短さ

意外な印象であるが，この性格傾向の人たちの中には，かなり気の短い人たちが少なくない。先に述べたような，怒りを表しても"安全"と思えるような人たちに対しては，些細なことでもすぐに怒りを爆発させる。また，気の短さゆえ，たとえば，外で食事をするために並んで待つようなことはしない。

12. 人任せにできない

これも，気の小ささからであるが，将来，トラブルになりそうなこと，危険性のあると思われることに対しては，それを人には任せず，何でも自分でやろうとする傾向がある。ただ，自分だけではできないこともあるので，それについては，ものごとのやり方を細かく人に指示するなど，細心の注意を払う。基本的には，人の反感を買うことは極力避けるような人たちであるから，自分の指示に従わないからと言って，通常は相手にいちいち文句をつけることはしない。ただ，自分の近しい身内とか，小さい子どもとか，相手が

自分に怒りを示しても"安全"と思われる人に対しては、自分の言うことに従わなかったということで、ひどく攻撃的となることがある。

強迫型性格の人たちによく見られる疾患とその事例

この性格型の人たちによく見られる疾患は、次のものである。

①強迫性障害
②社会（社交）恐怖，対人恐怖症，特定の恐怖症，広場恐怖
③古典的なうつ病（メランコリー親和性）
④神経性無食欲症，神経性大食症（一部）
⑤まれに身体表現性障害

【事例1】 30歳代後半，男性，社会恐怖
受診の5年前から人前で字を書く時に，手の震え，動悸，冷や汗があったが，最近，仕事で包丁をもつ時にも手が震えるようになったとのことで当院を受診する。フルボキサミンと，手の震えた時の頓用薬として，β-ブロッカーの塩酸アロチノロール（アルマール®）を処方する。最終的に，フルボキサミンを1日量で75mgを処方するが，手の震えを感じることもなく，その後は，頓用薬を服用していないとのことである。

【事例2】 10歳代後半，男性，強迫性障害
X−2年4月頃から，家の扉等の鍵を締めたか，歩いている時に何か落としたのではないかと，何度も確認をするようになる。また，勉強中に教科書の内容が理解できているか不安で，同じところに何度も目を通すといった行為が始まる。大学受験を控えていたが，確認がひどくなって勉強ができなく

なるのではないかということが心配になり，自分の障害についてインターネットで調べた上でX年6月に当院を受診する。初診時は，薬の服用に抵抗があったので，認知行動療法についての説明のみを行い，診察を終える。3週間後に，再び来院し，薬の希望があったため，フルボキサミン25mgを1日2回，朝，夕食後に処方する。その後，上記の不安に対して，「まあ，いいや」，「……しなくても大丈夫」と感じることができるようになり，確認強迫は減ったとのことである。

【事例3】　30歳前半，女性，神経性無食欲症，抑うつ状態

　高校生の時にいきなり太り，このため，短大生の頃からダイエットを始め，15kg減量する。その後も，太るのが怖くて，やせ気味の体型を維持しようとする。X－2年10月に結婚し，夫の転勤に伴い実家のある地域から離れることになる。引っ越し先には，友人も知人もおらず，孤独な日々を過ごしている中，情動の不安定さ（訳もなく泣くこと），意欲減退，食欲不振，自殺念慮，自傷などの症状が現われ，X－1年1月に精神科を受診する。体型に関しては，受診時，BMIは16.2だったが，X年3月には，14.9に低下していた。X年4月，再び，夫の転勤に伴い，引っ越しとなり，このため，当院に転院となる。当初は，精神的に安定していたが，X年6月から，1人でいることが寂しく，何もしてないと憂うつとなり，夫が家に戻ると泣いてしまうといった状態が現われる。それに対して，パロキチセン10mgを追加投与したところ，その精神症状に劇的な改善が見られる。X＋1年2月，妊娠がわかり，薬は一時停止するが，再び，妊娠で体重が増えると怖くて泣いてしまったり，憂うつになったりしたため，フルボキサミン25mgを処方する。妊娠中，本人の体重は低いまま経過し，X＋1年9月に，体重が2,000gの子どもを帝王切開で出産する。この時から，薬は，塩酸セルトラリン25mgに変更する。その後，育児のことで，いらいらして子どもに当たり，その後，

自己嫌悪に陥ることが続いた。しかし，それも，子どもの成長に伴い，徐々に治まっていく。なお，やせることへのこだわりはその後も続くものの，徐々に少なくなり，X＋5年7月の時点で，体重もBMI16.2とやや低いながら安定している。

【事例4】 10歳代後半，女性，神経性大食症
　小学校6年生の頃からダイエットを始め，一時やせても，また，リバウンドを繰り返すといった状態で，1年で20kgの体重差があったこともある。その後，太るのが怖くて，過食しては嘔吐することが始まる。X−1年4月に大学に入学するが，授業やサークル活動で多忙で，また，人に気を遣うことも多い生活となる。その疲れや孤独感から，X−1年夏頃から，家に帰ると過食・嘔吐をして，疲れて寝るといった習慣が始まる。X−1年11月から，精神科に通院を始めるが，X年5月に当院に転院をする。薬は，塩酸セルトラリン25mgを夕食後に，フルフェナジン0.25mgを1日2回で朝，夕食後に，コントミン12.5mg，セパゾン1mgを就寝2時間前に処方する。それで，気分の落ち込みや過食・嘔吐は多少改善する。だが，薬をのまなくなると，寂寥感が強まり，過食・嘔吐も増えたとのことで再び来院し，フルボキサミン25mgとパーフェナジン2mgが1日2回，朝，夕食後に処方される。その後，ひどい落ち込みはなく，過食・嘔吐も減っていて，「薬が合っている」と言っていた。ちなみに，実家に帰った時は寂しさもなく，過食・嘔吐も減り，夜もよく眠れている。治療者は，太るのが怖くて無理なダイエットをするなどで，乱れがちであった食生活を徐々に正常に戻すことや，過食・嘔吐以外の方法で気分を変える試みをすることを助言する。X＋3年5月の時点では，薬は，フルボキサミン25mgのみ服用し，過食・嘔吐は週1回位とのことである。

【事例5】 30歳代前半，男性，うつ病

X－8年，会社に就職するが，営業のノルマによるプレッシャーが強く，また，職場の人間関係もギクシャクするなど，環境的に精神的なストレスもあり，3回程"うつ"を発症した。その会社で仕事を続けるのに限界を感じ，X－1年11月に現在の会社に転職する。その職場では，以前ほどの精神的なストレスはなかったが，X年7月に何もやりたくない，書類の中身が頭に入らない，テレビを見ていて次々とチャンネルを変えるなどイライラする，等の症状が現われたため，X年8月に当院を受診する。

スルピリド50mg，クロキサゾラム5mgを1日3回，毎食後に，ミルタザピン15mgを夕食後に処方する。受診3週間後，日中，不安な考えが浮かんできて考えがまとまらなくなることやイライラすることは改善するが，まだ，週に1回位は，落ち込んで，何もやる気が起きなくなることがあるとのことであった。その後，調子がよくなると数カ月通院は中断し，再び抑うつ症状が現われた時に来院するという形で，通院は継続する。

【事例6】 30歳代後半，男性，軽症うつ病

X年7月位から，職場の人間関係でのストレスや仕事での多忙さが続いていたが，徐々に体重減少（15kg），倦怠感，易疲労感，過剰な心配，不眠，興味減退，集中力低下等の症状が始まり，X年10月に当院を受診する。スルピリド，クロチアゼパムのほか，塩酸セルトラリンを当初25mg，その後，50mg処方する。その後，徐々に，ネガティブに考えることがなくなり，浮き沈みはあるが，気分も上向く。仕事の負担が減ったこともあり，精神的に楽になるが，職場の人間関係で精神的なストレスがかかると動揺し，落ち込んだり不安になったりするとのことで，X年11月にはアリピプラゾールを1.5mg追加する。その後は，あまりマイナスなことも考えず，神経質にもならず，情動面での改善を示すとともに，上述の抑うつ症状はかなり改善を示している。

【事例7】 10歳代後半，女性，うつ病

X－1年9月頃から受験に対する不安・焦燥から気分の変動が見られ，また，不安から逃れるため，時に市販の鎮痛剤を多めにのむことがあった。X年4月に大学に入学する。部活と勉強で多忙な毎日を過ごしていたが，夏休み前から過呼吸が起こるようになる。8月に入り"誰とも話したくない"，"外に出たくない"，"テレビを観てもつまらない"といった抑うつ症状が現れ，9月には"他のことを考え，勉強に集中できない"，"朝起きるのが嫌"といった状態のほか，不眠や食欲低下が認められた。このため，X年9月に当院を受診する。

初診時，スルピリド150mg，レボメプロマジン15mgを処方するが，過呼吸は治まったものの，眠気が強く過眠気味であった。次にレボメプロマジンの代わりにミルタザピンを15mg処方し，多少活動的となる。だが，副作用による食欲亢進が現れたため，デュロキセチン塩酸塩20mgに切り替え，その後，40mgに増量する。1人でいるとさみしかったり，不安だったりして泣いてしまい，また，自殺念慮もあるため，アリピプラゾール1.5mgを追加する。その後，さらに塩酸セルトラリン25mgを追加した後，抑うつ症状はかなり改善を示す。やや活動的となりすぎる傾向も見られたため，"のんびりした生活を心掛けるよう"指導をする。X年11月には，デュロキセチン塩酸塩を20mgに減量している。その後，同学年の生徒が事故で亡くなるといったことがあった時，軽度の呼吸困難感が認められたが，落ち込みは見られていない。

強迫型性格をもつ人たちへの薬物療法

1．一般的な薬の使い方

先に述べたように，この型の人たちの性格傾向の主な特徴は，"気の小ささ"

である。これが現実の生活に支障を及ぼしていない限り，それは，病気とは言えないような属性である。ところが，この気の小ささが病的に過剰となった時，それは，不安感とか，恐怖感とか，過剰な心配へと変化し，さまざまな形の精神症状となって姿を現す可能性がある。たとえば，"安全"に対する過度のこだわりといった形で，不安を究極にまで減少させようとすれば，それは強迫行為となるかもしれない。太ることへの恐怖は，限りなくやせることへの追求につながる。恥をかくことの恐怖は，大勢の人前などの，社会的な場面での過度の不安・緊張や回避行動をもたらす。

　したがって，この気の小ささを多少とも是正するような薬物が，この型の人たちの症状の改善にとって基本的に有効となる可能性がある。それは，SSRIと呼ばれる抗うつ薬である。この薬は，この性格の人たちに"気が大きくなる"ように作用することで，不安感や恐怖感や過剰な心配を減少させるようである。つまり，SSRIを服用することで，患者が不安や恐怖を抱いているものごとに対して，多少とも"何とかなるだろう"とか，"大丈夫だろう"といった気持にさせてくれるのである。ある古典的うつ病の事例だが，翌日の授業がちゃんと理解できるかについての不安・緊張のあまり，予習（前準備）をやってないと授業に出られず，そのため，授業を休みがちとなった。これに対して，SSRI（塩酸セルトラリン）を少量処方したところ，ものごとに対する不安・緊張が減り，「その場その場で，よくも悪くも，いい加減（適当）になった」と述べ，授業も休まなくなったという報告がなされた。また，広場恐怖のある強迫型性格の事例では，受診のたびに，治療者に対して日常生活の細々としたことまでをすべて報告するといったことを続けていたのが，SSRIを服用を始めてからは，報告もあっさりとしたものになっている。また，夫からの本人へのかかわりが乏しいという理由から，「寂しい」とすすり泣いていた古典的なうつ病の事例では，同じく，塩酸セルトラリンを少量服用することで，「寂しさが消えた」とのことであり，不安や恐怖だけで

なく，強迫型の性格の人たちの，"寂しい"といった感情にもSSRIは有効だと考えられる。

　このように，強迫型性格の人たちに原則的に使われるべき薬はSSRIであるが，それには数少ない例外がある。それは，広場恐怖と診断されるような人たちで，しかも，不安状況で起こる身体症状の中に"嘔気・悪心"がある場合である。このような人たちにSSRIを服用させた時，嘔気・悪心といった副作用が出現し，服薬の継続が困難となる。このような場合に有効なのは，スルピリドである。スルピリド100～150mgに抗不安剤を併用して処方すると，広場恐怖に伴う不安・緊張や，嘔気・悪心を始めとする身体症状が軽減されることを経験している。ただ，スルピリドと抗不安剤で悪心・嘔吐の症状がほぼ消失し，それでもなお，多少不安感や恐怖感が残る場合には，悪心・嘔吐といった副作用の比較的少ないセルトラリンを追加投与するといい。その場合には，悪心・嘔吐はほとんど出現せず，不安・恐怖が著しく軽減されることを経験している。

2. 古典的うつ病に対する薬物療法

　古典的なうつ病の人は，この型の性格の人たちの中でも例外的に，神経的に"無理"をするような人たちである。すでに述べたように，怠けないのが生き方やあり方の理想であるから，究極に無理を続け，その結果，いずれは疲労や消耗に行き着く可能性が高い人たちである。それは，つまり，抑うつ状態である。このようなうつ状態に伴う，意欲低下や集中力低下等といった症状をSSRIのみで改善できない場合がある。その場合には，ミルタザピンやデュロキセチン塩酸塩を追加で使用することで，それらの症状を改善する必要がある。

　古典的なうつ病にとって，SSRIは，むしろ，ベースとして用いるような薬物であると考える。寛解期の古典的うつ病の人たちの中には，些細な出来

事で，すぐに不安になったり，過剰な心配をしたり，落ち込んだりしがちな人たちが少なくない。それが続けば，いずれは神経的に疲弊・消耗をして本格的な抑うつに陥る可能性がないとは言えない。ベースとしてのSSRIを服用していれば，そのような場合でも，"何とかなる"，"大丈夫"といった気持ちになれることで，精神的な安定を維持できると思われる。そのため，ミルタザピンやデュロキセチン塩酸塩により，意欲や集中力の低下が十分に改善された後，減薬をする場合には，SSRIを残したまま，それらの抗うつ薬から減量や中止をすることが望ましいのではないかと考える。

3. SSRI以外の薬の使用法

事例によっては，このSSRIに加えて，ごく少量の抗精神病薬を投与することがある。たとえば，神経性大食症の患者には，フルボキサミンにフルフェナジンを0.5mg位併用すると過食・嘔吐に有効な場合がある。また，うつ病にスルピリドやパーフェナジンを追加投与することもある。また，古典的なうつ病の人たちで，喜怒哀楽のような，情動に不安定さがあるような事例には，アリピプラゾールの追加投与が必要となる。

強迫型性格をもつ人たちへの精神療法

先に述べたように，この型の性格の人たちは，もともと，関心が内向き，つまり，関心は自分や自分の内面に向いている。従って，自分の感じていること，考えていること，自分の行っていることに対しては，比較的"意識的"，"自覚的"であることが多い。つまり，もともと，比較的"内省力"のある人たちの方が多いのである。だから，本人の性格，行動パターン，悪循環などに基づいて，病気や症状の成り立ちやメカニズムを説明したとしても，それで彼（女）らの行動が変わり，症状が消えることは少ない。つまり，"洞察"

によって，症状が改善する可能性は少ないのである。たとえば，社会恐怖の人たちに対して，次のように，症状の成り立ちを説明することがある。「もともと性格的に勝気なところがあるが，反面，気が小さい。気が小さいので，人前では，緊張しがちであり，そのため，動悸がしたり，手が震えたり，うまく声が出なくなることがある。しかも，そのような自分を人前で曝すことに対して，"人に見られたくない"とか"恥ずかしい"といった気持が強いので，人前という状況を強く意識するようになる。意識をすれば，それが不安・緊張につながるわけだから，動悸や手の震えが起きてくる。つまり，緊張と意識との間の悪循環がある」と。

このように説明しても，社会恐怖の人たちは，そのことをかなり理解していることが多い。つまり，説明することで，新たな知識を得ることは少なく，それが，症状の改善には繋がらない。社会恐怖の人たちにとって，そのことをわかってはいても，"人前"といった状況に対する不安・緊張感や，恥をかきたくないといった"こだわり"のため，まったく自分をコントロールできないと感じている。

ちなみに，これに比べて，前述のヒステリー型性格の人たちは，自分が感じていることや考えていることや振舞っていることについて，あまり気づいてない，つまり，意識的でないことが少なくない。そこで，すでに述べたような精神療法的な助言をすることで，新たに自分の感情や行動に気づき，洞察を得ることが少なくないのである。

すでに述べたが，強迫型の人たちはかなり慎重で，なかなか治療に来たがらない傾向がある。そして，治療に来る時は，自分で"大事だ"と思っている，日常生活の事柄にかなり支障が出てきた時である。【事例2】では，おそらく，受験ということに患者の価値がかなり置かれているので，それに支障をきたすようなことは，「何とかしなければならない」ような事柄となるかもしれない。その時に初めて，診察に訪れたり，薬物療法を受け入れたり

する可能性がある。

　これもすでに述べたことだが，この型の性格の人たちには，ある種のこだわりがあり，それが合理的ではないとわかっているにもかかわらず，なかなかそれを変えようとはしないという意味で，かなり頑固であることが少なくない。このこだわりも，本人が比較的大きな価値を置いているような事柄に重大な支障が起きるかもしれないような場合には，そのこだわりを緩める可能性がある。たとえば，下坂によれば，神経性無食欲症の人たちは，知的な事柄に価値を置くことが多いので，過度にやせた場合には，"脳の委縮が起こる"とか，"低血糖のために勉強に集中ができなくなる"といった治療者の説明による説得が多少とも食を増やすことに対して効を奏することがあるとのことである。

　また，このこだわりは，認知の歪みとも考えられるので，認知を修正するための，認知療法がこれらの人たちに適応となる可能性がある。もちろん，彼（女）らのこだわりはとても頑固なものなので，認知療法も，やればすぐにこだわりが修正され，症状の改善などの結果が出るというものではない。ただ，認知療法を試みることで，自らの認知に歪みがあるということを彼（女）らが認識する機会にはなる可能性があり，その認知の歪みについての話を，再三，診療の中で取り上げることで，将来的には，こだわりを多少とも緩めることにつながっていく可能性があると思われる。

　この型の人たちの性格をよく理解していること，それ自体が，そもそも精神療法的であると筆者は考えている。つまり，性格を理解しているということは，その人たちの感じ方や考え方や行動の仕方を理解しているということであり，それは，その人たち，そのものを理解していることにつながる。"理解されている"ということで，それがある種の安心感をその人たちにもたらしたり，そのために淡い信頼感を治療者に寄せたりする可能性がある。すぐに効果が出ないとしても，それが治療的に働く可能性があると考える。

参考文献

1) Salzman, L.：The Obssesive Personality. Science House, 1968.（成田善弘，笠原嘉訳：強迫パーソナリティ．みすず書房，東京，1998.）
2) 笠原嘉：うつ病の病前性格について．笠原嘉編：躁うつ病の精神病理1. 61〜86, 弘文堂，東京，1977.
3) 下坂幸三：拒食と過食の心理．岩波出版，東京，1999.
4) 下坂幸三：摂食障害と強迫．牛島定信編：強迫の精神病理と治療．118〜137, 金剛出版，東京，1997.

第4章
回避型性格

回避型性格とは

　診療所での外来による臨床を始めるようになってから，抑うつ症状や身体症状を訴えている人たちの中に，よくよく聞いてみると，その原因となるような，職場（学校）で何らかの精神的なストレスがあること，そのために，仕事（学校）を休みがちであること，会社を休むために必要な診断書を"密かに"受診時に希望していること，等の特徴のある人たちと少なからず遭遇することとなった。操作的な診断基準であれば，軽症うつ病とか，身体表現性障害とかと診断されるような事例ではあるが，以前には回避型抑うつ[1]と呼ばれていたような人たちであり，最近では，ディスチミア親和型うつ病[2]とか，現代型うつ病と呼ばれるような人たちである。"職場での何らかの精神的なストレス"の原因には，第1に，職場の上司や先輩等からの，たび重なる叱責や暴言やいじめがある。これには，明らかに，パワー・ハラスメントの概念に該当するようなものもあるが，そうとは言えないような程度のものもある。第2に，職場への異動に伴い，なかなか新しい仕事に慣れず，作業がうまく進まないといったことがある。その人たちの性格傾向と，DSM-IV-TR や ICD-10 の回避（不安）性パーソナリティ障害の診断基準との間に多くの点で類似性があり，それらを参考にしつつ，筆者なりにその人たちの性格の特徴を取り上げてみた。また，その人たちの中には，小学校や中学校

や高校で不登校の経歴のある人たちもいて，学校と職場といったように，環境は違ってはいても，性格傾向といった同一の要因により症状が出現している可能性が高いと考えられる。そこで，新たに，回避型性格というものを想定し，それに基づき，患者の診立てや治療を考えてみようと思った。次に，その特徴について述べる。

回避型性格をもつ人たちの特徴

このような患者の多くは，ICD-10 の不安（回避）性パーソナリティ障害や DSM-Ⅳ-TR の回避性パーソナリティ障害の項目（クライテリア）のいくつかに該当するような，性格的な特徴を多少とも有しているように思われる。次に，その項目を挙げて説明をする。

1. 対人緊張が強いこと

まず，最初に診察室に入ってきた時，とても緊張した表情をしていることが特徴的である。それは，診察を始め，話しが進んでいったとしてもなかなか打ち解けることはない。患者に，"対人場面で緊張するか"といった質問をしてみると，それに対しては，ほぼ全員，それを肯定する。

2. あまり親しくない人たちの集団に溶け込むのが苦手であること

表2の（2）や表3の（d）の内容と一致するもので，彼（女）らは，学校や職場といった集団の中で，大勢の人たちの輪の中に入り，親しくかかわるようなことは少なく，むしろ孤立することの方が多い。「人の中に溶け込むのは得意ですか，苦手ですか」といった質問で，このことを明らかにすることができる。ちなみに，ヒステリー型性格の人たちは，"人に嫌われたくない"とか，"人に好かれたい"といった理由で，人に気を遣う人たちである。

表2　301.82　回避性パーソナリティ障害（Avoidant personality disorder）

社会的制止，不適切感，および否定的評価に対する過敏性の広範な様式で，成人早期に始まり，種々の状況で明らかになる。以下の内，4つ（またはそれ以上）で示される。
 (1) 批判，否認，または拒否に対する恐怖のために，重要な対人接触のある職業活動を避ける。
 (2) 好かれていると確信できなければ，人との関係を持ちたいと思わない。
 (3) 恥をかかされること，またはばかにされることを恐れるために，親密な関係の中でも遠慮を示す。
 (4) 社会的状況では，批判されること，または拒否されることに心がとらわれている。
 (5) 不全感のために，新しい対人関係状況で制止が起こる。
 (6) 自分は社会的に不適切である，人間として長所がない，または他の人より劣っていると思っている。
 (7) 恥ずかしいことになるかもしれないという理由で，個人的な危険をおかすこと，または新しい活動に取りかかることに，異常なほど引っ込み思案である。

（『DSM-IV-TR　精神疾患の分類と診断の手引き』から）

表3　F60.6　不安性（回避性）パーソナリティ障害

以上のことによって特徴づけられるパーソナリティ障害：
 (a) 持続的ですべてにわたる緊張と心配の感情。
 (b) 自分が社会的に不適格である，人柄に魅力がない，あるいは他人に劣っているという確信。
 (c) 社会的場面で批判されたり拒否されたりすることについての過度のとらわれ。
 (d) 好かれていると確信できなければ，人と関わることに乗り気ではないこと。
 (e) 身体的な安全への欲求からライフスタイルに制限を加えること。非難あるいは拒否を恐れて重要な対人的接触を伴う社会的あるいは職業的活動を回避すること。
関連病像には拒否および非難に対する過敏さがふくまれる。

（『ICD-10　精神および行動の障害　臨床記述と診断ガイドライン』新訂版から）

それで非常に疲れはするものの，多くの場合，人の中に溶け込むのは彼（女）らにとって得意なことであり，彼（女）らもそのように自覚している。

3. 本人に好意をもつような，少数の人間とのみ付き合うのを好むこと

　前項の2．と逆のことであるが，彼らに対して親しみを表してくる人たちには，接触をすることを嫌がらない。学生時代でも，少数の親しい友人がい

ることが多い。また、社会人であれば、面倒見のいい、親切な上司や先輩のいる職場では、彼らは適応的であり、元来、真面目な性格なので、時にはまわりに期待されて力を発揮する場合もある。広瀬[3]は、逃避型抑うつの特徴の1つとして、"認めてくれる上司のもとでは軽躁を思わせるほど張り切り、良い成果を上げることもある"ことを挙げている。以上のことは、表2の(2)や表3の(d)に関連することと思われる。

4. 批判や非難や拒絶に対する恐怖感や、それらに対する耐性の低さ

表2の(4)、表3の(c)にもあるように、相手からの、攻撃的とも言えるような言動や態度に対してとても脆い傾向がある。たとえば、上司に叱責や罵倒をされると頭が真っ白になり、ひどく怯えて何も言えず、"固まって"しまう。また、仕事でわからないことがあっても、冷たい同僚や厳しい先輩にはなかなかたずねることができない。

5. 自分が行き詰ったところをまわりには見せようとはせず、表面上、なにごともないような態度を装うこと(人に相談しないこと)

後に述べることだが、彼らは、職場で行き詰った状況に陥っていたとしても、なかなか、そのことを誰かに相談したり、そのことについての愚痴を人に言ったりはしない。たぶん、そのようにすることで、"打たれ弱い"とか"すぐに弱音を吐く"といったような、"だめな人間"だとまわりに見られたり、そのようなレッテルを貼られたりするのが怖いので、困った時に、誰かに本音で話すことができない。話す勇気が持てないまま、結局、自らで問題を抱え込むこととなり、最終的には行き詰ってしまう。この傾向は、表2の(3)の項目と関連する。

診察の場面でも、この性格の型の人たちは、自らの症状については積極的に話してくれるが、その原因となった職場での人間関係がうまくいっていな

いことや仕事が進んでいないことについて"自発的に"話すことは稀である。筆者があたりをつけて，職場状況について質問することによって，やっと，それらの話が引き出されてくることが多い。

6. 行き詰った時，回避行動に走りやすい

表2の (1)，表3の (f) にもあるように，上記のような職場での精神的なストレスに曝された時，職場に行くのが怖くて，職場近くまで行って引き返したり，朝起きられず，そのまま休んだりすることがたびたび見られる。

回避は，"職場から"，"社会から"，"家族から" と，段階的に進んでいく場合がある。回避できる場所がある時は，そこでとりあえずの精神的な安定を得ることができる。だが，たとえば，経済的にも行き詰ったり，家族にも見捨てられたりといったように，いよいよどこにも行き場がなくなったような場合，まれではあるが，自殺という手段を選ぶ可能性もある。

7. 自分に自信がないこと

表2の (6)，表3の (e) にもあるように，自分に自信がもてない。これは診察時，"自信がない" ことについて患者に質問すると，多くの場合それに肯定をする。

結局は，項目5. の「誰にも相談をしないこと」は，この本人の自信のなさと関連しているのかもしれない。

8. 妙にプライドが高いこと

上記の自信のなさの裏返しなのか，自信のなさの反動なのか，回避型の人たちの中には，明らかに社会生活がうまくいっていないにもかかわらず，「やればできる」とか「何とかなる」といった楽観的な態度を見せる患者がいる。社会的ひきこもりの子どもをもつ家族の相談において，子どもに"妙なプラ

イド"があることに同意する家族は少なくない。また，ある社会的ひきこもりの患者は，自分には「傲慢なところがある」と述べていた。

広瀬[1]も，回避型抑うつの患者の"プライドの高さ"について言及しており，「他人の前でとりつくろう姿勢がはっきりみられる」ような「ええ恰好しい」の人たちであり，「体面の維持に汲々とする守勢一方の弱気の要素が目立っている」と述べている。このことは，項目の5.の特徴とも関連していることである。

9. 不登校歴がある

先にも述べたが，学校状況で，主に人間関係上の精神的なストレスに曝された時，彼らは学校状況から回避する。不登校歴のある人たちの中には，社会生活を始めた後でも精神的なストレスに出合うと，精神症状や身体症状を起こしやすく，職場状況から撤退しがちな傾向がある。

10. 要領の悪さ

この性格の型の人たちの中に，仕事がすぐに理解できなかったり，仕事の覚えが悪かったり，仕事の手順を頭の中で形作ることが苦手だったり，仕事の優先順位が決められなかったりするような人たちがいる。そのことで，仕事が遅かったり，仕事の要領が悪かったりするので，仕事の面で不適応気味になることもある。それは，"一を聞いて十を知る"ような，言わば"仕事のできる"人たちとは正反対の人たちで，関西弁で言えば，"どんくさい"ような人たちである。それは，すでに述べたような対人関係上での困難さや，または，本人の知的な問題とは別に存在するような，一種の障害であるように思われる。

このように，仕事に慣れるのに時間がかかることで，2次的に上司や同僚から批判を受けることになりがちとなる。もともと打たれ弱い性格なので，

それが精神的なストレスとなり，焦ったり落ち込んだりすることで，さらに作業の効率が悪くなるといった悪循環を形成する可能性もある。

回避型性格の人たちによくみられる疾患とその事例

この型の性格の人たちによく見られるのは，つぎの疾患である。

①適応障害
②不登校，社会的ひきこもり
③回避（不安）性パーソナリティ障害
④軽症うつ病

以上，回避型性格の人たちによく見られる疾患を挙げたが，外来に受診するような人たちは，実質的には適応障害や軽症うつの人たちで，不登校やひきこもりの人たちが自発的に受診することは，ほとんど皆無である。したがって，その人たちを個人的に治療する機会や経験はほとんどなく，もっぱら家族からの相談を受けるのみである。

【事例1】 30歳代後半，男性，適応障害
　X－3年9月に，仕事上の理由から抑うつ状態になったとのことである。X－1年2月に，異動で地方から都内に転勤となるが，まったく新規の事業であり，仕事が試行錯誤の連続である上，次第に水準の高いことを要求されるようになる。本人にその仕事についての経験が乏しい上，「まわりは忙しそう」で，遠慮してしまい，わからないことをなかなか人に聞けない。なんとか自分で調べて期限内に答えを出さなければならないような状況で，X年1月末位から，仕事が終わった後にめまいが起こりすぐには治らない，深い

思考ができない，仕事や人の話に集中ができないとのことで，X年2月に当院を受診する。初診時，スルピリド50mg，タンドスピロン酸塩10mgを1日3回，毎食後に処方する。1週間，仕事を休んだこともあり，症状は改善する。その後，上司から「仕事の仕方が独りよがりのところがあるのを直してほしい」と言われたことで，その後は，上司に相談しながら仕事を進めるようになる。それでも，なお，仕事についてまわりには話をしないことが多く，1人で抱え込む傾向が見られるので，主治医からそのことを指摘する。体調も良くなり，X年8月に，タンドスピロン酸塩を中止する。一時，負担の軽い仕事だったのが，負担の重い仕事に変わったところ，仕事への不安感や早朝覚醒が出現し，再びタンドスピロン酸塩を追加する。仕事が忙しくなると不安になるとのことであったが，その時は，遠慮せず，上司等に相談するように助言する。その後は，仕事も淡々とこなし，比較的順調に進むが，仕事で精神的なストレスがかかると，一時的に，めまい感が出現する。多少うまくいかないと仕事を先延ばしする傾向があることについて，それも上司に相談するように助言する。X＋1年6月，仕事も順調で，体調もいいとのことで，スルピリドとタンドスピロン酸塩を1日2回に減らす。

【事例2】 20歳代前半，男性，適応障害

入社1年目は，"親切な"先輩に指示されて仕事をやっていたが，2年目からは，自ら考えて課題を進めることを求められるようになる。その内容をよく熟知しないまま仕事を続けていった結果，仕事がうまく進まず，そのことで上司に叱責されるようになる。それらのことが精神的なストレスとなり，集中力低下，憂うつ感，自己嫌悪，情緒不安定等の抑うつ症状が出現する。そのため，X年2月，産業医の紹介で当院を受診する。スルピリド50mg，クロチアゼパム5mgを1日3回，毎食後に処方した上で，"仕事でわからないことをまわりに聞くこと"，"仕事上の悩みを上司等に相談すること"など，

まわりの人たちとコミュニケーションをとるように助言を行う．同時に，産業医にもその助言と同様の内容で書面を送り，情報提供を行う．その後，この仕事の悩みについて初めて家族に打ち明け，また，職場で仕事について人に聞いたり，連絡したりすることが増えてきたとのことである．X年4月から，上司の配慮で，多少厳しいが面倒見のいい先輩が本人に付いて仕事の指導をすることとなる．その後，本人もがんばり，また，叱責されることにも多少慣れていったことで，精神的にも安定し，徐々に仕事も順調に進むようになる．このため，X年7月で通院は中止となる．

　その後，仕事や趣味の活動が多忙となったことからくる精神的なストレスから，下痢と便秘を繰り返すようになり，X＋3年2月に再び当院を受診する．この時は，スルピリド，クロチアゼパムの他，ポリカーボフィル・カルシウム等の処方を行い，その後，症状は軽快する．この時，"打たれ弱い"，"嫌なことがあるとそれから逃げて後回しにする"，"怒られるのが嫌"など，自らの性格についての内省的な発言も見られた．その後，通院は数カ月位の間隔で断続的に続いている．

回避型性格の人たちに対する薬物療法

　この型の性格の人たちは，主に，外部からの，"環境由来"の精神的なストレスにより，過剰に神経を働か**されている**ような状態にあって，そのための神経の興奮と疲労により，身体症状や精神症状を起こしていると考えられる．ちなみに，ヒステリー型性格の人たちの場合は，環境由来の精神的なストレスだけでなく，たとえば，"余計なことを考えたり気にしたり"するなど，自らの性格由来の過剰な気働きから，神経の興奮と疲労が起きている．神経の興奮と疲労により症状が起きていると考えられるので，この型の性格の人たちの症状に対して有効な薬物も，第1に，ヒステリー型の人たちと同様な

類の，抗精神病薬であると考える。

　この型の性格の人たちは，興奮することはまれで，不安感や焦燥感から，落ち込むような人たちの方が多いので，通常は，スルピリドが第1に試みられるべき薬物だと考える。それに，不安・緊張を和らげ，身体症状を改善するため，タンドスピロン酸塩やクロチアゼパムといった抗不安剤を併用する。上記の処方だけでは，精神的な動揺や恐怖感が緩和しない場合は，アリピプラゾールを1.5mg程度追加することもある。なお，広瀬[3]は，"抗うつ剤の効果は初期にはある程度見られるが，次第に目立たなくなる"，"sulpiride, SSRIなどが推奨される"と述べている。

　ちなみに，上記の薬物は，環境からの精神的なストレスによる不安・緊張や，神経の興奮と消耗（疲労）を改善してくれることが期待できるので，この薬を処方する時，「この薬は，精神的なストレスのある時に，感じるストレスの程度を緩和してくれる。その結果，身体的，精神的に"楽になった"という感じになる」といった説明をしている。職場の人間関係が精神的なストレスになっている場合は，まわりの人たちからの刺激が，"あまり気にならなくなる"ので，精神的に楽になったと感じる。

回避型性格の人たちに対する精神療法

　この型の性格の人たちに対する精神療法的なアプローチの原則は，まず，**彼（女）らが置かれている状況から回避をせず，その状況の中で，できる限り，直面する問題の解決を試みるように働きかけることである。**

　"回避"といった行動パターンは，この型の性格の人たちにとり，精神的なストレス状況における特徴的なものなので，それをしないよう，彼（女）らを説得するのは，容易なことではない。実際，説得が効を奏しない場合の方が多く，その結果，治療から脱落していく事例は少なくない。特に，いっ

たん，前の医療機関で自宅療養のための診断書が発行され，すでに1〜2カ月位，職場を休んでいるような場合には，仕事に復帰するよう説得するのはかなり難しいことになる。というのも，"病気"という形でまわりに認知され，また，休んでいれば傷病手当金等で多少とも収入も保証されているといった，とりあえずは，安全と思える場所に回避できているのだから，そこから，精神的なストレスの渦中である職場に戻ることは考えられないのかもしれない。

だが，治療から脱落する可能性があっても，回避することによって問題が解決される可能性は，かなり低いと考えられるから筆者は仕事を休むことを勧めない。たとえば，職場での精神的なストレスから，比較的，長期に職場を休むような場合を考えてみる。

このような場合，仕事を休むことは，職場での人間関係や仕事による精神的なプレッシャーといった"現実"からの回避として働くと考えられる。したがって，休むことによって，一時的に，患者は精神的なストレスから解放され，精神的にはかなり楽になる。だが，第1に，休み始めた当初は精神的に安定していたにもかかわらず，仕事に復帰しようと考えた時，または，職場復帰が近づいた時，不安・緊張が強まり，休む前の身体症状が再び起こったり，不安や落ち込みなどの精神状態が再燃したりする可能性がある。このため，なかなか職場復帰に至らず，いたずらに時間を浪費するようなことになりかねない。第2に，かりに何とか復帰できたとしても，職場に行く途中や職場に着いた後，動悸や嘔吐が起こり，普通に仕事ができないような事態が起こる可能性がある。第3に，職場に復帰してしばらくは何とか仕事を続けていたとしても，しばらくして上司からの叱責や無視などの"嫌がらせ"に遭ったり，仕事がうまく進まないような状態になったりすると，次第に，休む以前の症状が再び現れ，結局，再度仕事を休むことになる場合もある。

短い期間で復帰が可能となったような場合は問題はないが，自宅療養が長

期になってくると，次第に，社会から取り残されたような心理状態となったり，世間体から家に引きこもがちとなることでストレスが溜まったり，家族の焦りが精神的にプレッシャーとなったりして，2次的に，抑うつ的となるような場合もないとは言えない。ディスチミア親和型うつ病といった疾病概念を提唱した樽味[2]も，その患者たちについて，"休養と服薬のみでは慢性化する"と述べている。

　治療的な観点から，長期療養をすることのデメリットについて述べたが，本人の生活に関しても，そのマイナスな面はある。つまり，自宅療養がさらに長期にわたった場合，時により，職場でリストラの対象者として"肩たたき"に遭ったり，規定の休職期間が終わってしまい退職に追い込まれるたりするようなことも起きてくる可能性がある。また，かりに復帰することになったとしても，すぐに従来の仕事に復帰させてくれる会社は最近は少なくなった。産業医や産業カウンセラーの指示という形はとるものの，実際は，会社の人事担当者の指示で，"復帰プログラム"などと称するような形の復帰訓練を強いられる。つまり，自宅での生活のリズムを整える訓練から始まって，出社訓練，（段階的な）短時間勤務訓練へと，数カ月にわたるようなプログラムが課され，それを経ないと本格的に復帰ができない。復帰できるような精神状態にありながら，宙ぶらりんで，他の同僚からも疎外されるような状態に置かれることで，次第にその状況に嫌気がさしてくることもあり，それ自体が精神的なストレスになることも少なくない。

　ところで，かりに長期に休んだ後に，何とか職場や学校などに復帰ができたような場合ではどうだろう。その場合も，その後，似たような精神的に強いストレスを感じるような状況に遭遇すれば，再び症状の再燃が起こる可能性が高いと考える。つまり，"打たれ弱い"といった，ストレス耐性の低い傾向はあまり変わっていないと考えられるからである。

　患者がストレス状況からの回避をせず，そこにとどまることを受け入れる

ような場合，その時，初めて治療的な試みを始めることが可能となる。

　たとえば，職場の上司や同僚から強い叱責や非難が繰り返されるような場合，次のような助言が有効である。第1に，"表"では，相手の言うことを受け入れる態度をとるが，"裏"では，言われたことを部分的に無視したり聞き流したりするなど，"裏表"を使い分けること。第2に，相手に対しての，不満な態度も，また，怯えるような態度も相手には決して見せないようにすること，つまり，相手の前では，淡々とすること。第3に，必要な時以外は，なるべく接触を避け，さりげなく距離をとること。第4に，上記の態度をとることで，溜まった鬱憤などは，愚痴として誰かに聞いてもらうことなどである。つまり，ある種の処世術として，相手に対して"うまく立ち回る"方法を助言する。

　ところで，上司からの叱責が繰り返されるような場合，本人は，仕事がうまくできないなど自分に何らかの問題があるから叱責をされるのだと考えていることも少なくない。その場合は，彼（女）らに対して，「その上司についての，まわりの人たちの人間的な評価はどうですか」と質問してみる。実際，まわりの人たちの見方を聞いてみると，その上司に対して人間的に問題があると評価する人たちは少なくない。その評価を聞くことで，第1に，みんなも自分と同じように見ていることを知って安心感を抱くことができ，第2に，問題は自分側にあるのではなく，相手側にあることを気づくことが可能となり，その相手に対してうまく立ち回ることの必要性についてより理解ができるようになる。

　また，たとえば，職場が異動になったことで，新しい仕事のやり方がわからないため，仕事がうまく進まないような場合には，次のような助言を行う。第1に，仕事がうまくいっていないことについて，率直に職場の上司に相談をすること。第2に，遠慮せず，恐れず，わからないことは必ず聞くようにすること。第3に，悩みを愚痴として誰かに聞いてもらうことで，それを多

少でも軽減することなどである。そのような助言以外に，必要な場合は，会社の産業医等に対して，「仕事に慣れるまで，一定期間，教育係を付けるなど，サポートを必要とする」といった趣旨の意見書を記載し，提出することもある。

　いずれの助言も，上記の本人の性格傾向からすれば，通常の行動パターンとは反するものであるので，彼（女）らは，多少の抵抗を示す場合が多い。だが，現状に慣れ，職場で生き残るためには，それらは必要なことだと説得をする。助言が実行され，それが有効に働き，その結果，精神的なストレスが軽減されることを経験すると，その後は，そうした対処法を自らとることができるようになる。

　この型の人たちの中には，まれではあるが，治療者との安定した治療関係が形成された場合，治療者に対して依存するかのような感じで，治療者に向けて，彼（女）らの人生におけるさまざまな悩みごとを相談してくるような人たちがいる。この人たちは，本来，駄目な自分を人に曝すことに抵抗が強い人たちであるから，このような行動は異例なことに違いない。このため，一時期，診療は，むしろ，心理カウンセリングに変わり，ある程度，診療に時間を割く必要がでてくる。ただ，そのような関係が成立した後，彼（女）らにとって治療者は重要な存在となり，それが彼（女）らの精神的な，社会的な安定をもたらしてくれるようである。

　以上は，回避型性格の人たちの中でも，主に"適応障害"といった診断ができるような事例における精神療法である。この人たちは，未だ回避行動を始めていないか，または，始めて間もないような人たちである。それに対して，社会的なひきこもりや不登校の人たちのように，すでに，回避行動を始め，かなり時間のたっているような人たちは，そもそも受診をするインセンティブが乏しいので，自ら受診することはまれである。このような事例は，むしろ，家族の方が困っており，彼（女）らの子どものことを心配する親た

ちが相談機関等を訪れるだろう。実際，筆者はこのような家族相談を臨床の中で行っており，このような家族に出会う機会も少なくはない。その家族相談の中では，筆者は相談者の子どもに何が起こっているのかを家族に理解してもらうような試みを行っている。家族が強く求めていても，問題解決の手段や方法を家族に伝えるようなことは，なるべく避けることにしている。つまり，家族が子どものことをよく理解し，その上で家族自ら問題解決に向けた，適切な行動がとれるように援助することが第1であると考えている。

参考文献

1) 広瀬徹也：「逃避型うつ」について．宮本忠雄編：躁うつ病の精神病理2．弘文堂，東京，1977．
2) 樽味伸：うつ病の社会文化的試論．日本社会精神医学会雑誌，13; 129-136, 2005．
3) 広瀬徹也：逃避型抑うつとディスチミア親和型うつ病．臨床精神医学，37; 1179-1182, 2008．

第5章
統合失調型素因

統合失調型素因とは

　統合失調症における注意や集中といった神経心理学的な領域の障害について，筆者が初めて知りえたのは，Anderson, C. ら[1]による，"統合失調症の心理教育"といった，家族療法の一領域の研究とその成果に触れた時であった。その心理教育の一環として，彼（女）らは，統合失調症の家族や患者に対して，ワークショップ形式で，統合失調症についてのさまざまな知識や情報，つまり，その成因や症状や治療などについてわかりやすく講義を行っている。その中で，彼（女）らは，"統合失調症は基本的に"脳の病気である"と明確に定義を行った上で，初期の統合失調症の患者が自覚的に体験できる症状の中の1つとして，注意と集中の障害について取り上げている。McGhieとChapman[2]，それに，Freedman[3]の著作を引用しながら，"統合失調症患者は，まわりにある注意を払うべきものに対してそれを適切に選択する能力が低下しており，同時に関係のない刺激を無視したり，その侵入を防いだりすることができなくなっている"と説明し，このような注意の選択－抑制機能の減退により，初期の統合失調患者にとって，ものごとに注意や集中をすることがいかに難しくなっているかについて述べている。その著述に強く影響を受けた筆者は，その後，臨床場面で患者を診る時に，特に患者の注意や集中の障害にも着目をして診察するようになった。

筆者は，1995年から精神科診療所で外来診療を中心とした臨床を始めることになったが，多くの外来患者を診察する中で，統合失調症における注意や集中の障害を含め，統合失調症患者と類似する特徴，性格，素因を持ちながら，症候論的に，ICD-10やDSM-IV-TRによる統合失調症の診断基準には必ずしも該当しないような患者に出会うことがたびたびあった。それは軽症分裂病，初期分裂病，分裂病型障害（以下，StD），分裂病型パーソナリティ障害（以下，StPD）などと診断されるような患者群であった。このような患者たちを，薬剤選択や精神療法（広義）の必要性から，外来患者の中から適切に識別する（拾い上げる）ことに注意を払い，筆者なりにいくつかの工夫も試みてきた。

　本章では，まず，それらの患者群を識別するために筆者が試みている，実用的・臨床的な方法について紹介する。

　また，その患者群の中には，統合失調型障害を含め，ICD-10の統合失調症性障害（F2）の診断基準を満たすわけではないが，注意や集中の障害をはじめとする統合失調症の患者に類似した特徴，性格，素因を持つような患者がいる。それらの患者に対しても少量の抗精神病薬を用いたり，適切な指導や助言を行ったりしながら，その経過をみていくことが治療上有用であることについて述べてみる。

　また，臨床的に有用であると考えるので，それらの患者群のもつ特徴，性格，素因に対して，暫定的にではあるが，統合失調型素因（schizotypal preposition：StP）といった名称をつけてみた。

統合失調型素因をもつ人たちの特徴

1. 表情，態度

　表情の乏しさ，硬さというのは，従来，統合失調症患者の特徴の1つとし

て述べられていたことである。全員ではないが，統合失調型の素因をもつ人たちの多くにこの特徴があり，この素因を疑わせる1つの根拠となりうる。また，患者が診察室に入り，最初の挨拶を交わした時の表情の中に，不自然とか，奇妙としか形容できないような表情がみられる患者たちもいる。たとえば，従来からよく知られたひそめ眉とか，焦っていたり驚いていたりしているような表情とか，口の前に手を当てるとかであり，微妙な違いではあるが，何か違和感を抱かせるような，不自然な表情や態度をしていることがある。また，緊張による表情の硬さは，面接の過程でもなかなかほぐれることはない。対照的に，神経症性の障害の患者の場合には，当初，緊張があってもすぐほぐれたり，最初から愛想笑いなど，ある種，親しげで社交的な態度をとったり表情をしたりすることの方が多い。

2. 集中困難状態（distracted）

　診察が始まり，まず，一方的に話す患者の訴えや話に耳を傾けている段階では，その話に何ら違和感を抱くことはない。だが，患者の話したことについてそれをより詳細に明らかにするため，また，治療者の知りたい他の情報を得るための質問を治療者が行った時，つまり，質疑応答の場面で，治療者が求めている回答とは関連していないような話を患者が始めることがある。話の内容自体に奇異さはないが，質問に対する回答は，明らかに"ずれ"ており，的外れである。この時，"要領を得ない"，"なかなか必要な情報が得られない"といった気持になるため，治療者が多少苛立つこともある。

　この現象は，何について話すのかというテーマを念頭に置きながら，それに関連する話を展開するといった，"注意と集中の作業"がうまくできていなくなっていることを示している。それは，質問についての記憶の保持が不十分であるか，もしくは相手の要求する答えに向け，考えを進めていくことができないと考えられる。

3. 奇異な表現や奇異な話の内容

　神経症性であっても，精神障害による不定愁訴の場合，そもそも患者にとって症状の表現が難しいことが多いのか，訴えの表現はユニークなものになることが少なくない。だが，統合失調型素因をもつ人たちには，通常の表現とは異なる，ユニークで奇異な表現をする人たちがいる。

　たとえば，ある種の頭痛や頭部のピリピリ感やかゆみに対して，"頭の皮膚が委縮している"，"掴まれている感じ"，"頭皮が硬くなってその部分の皮膚が白い"，"(そこを) 掻いていると毛が抜ける" といった独特な表現をするような場合である。

　また，ある患者は，自宅の近くに別れた男性の友人の家があるが，そこに時折，見慣れない自転車が停まっていることがあって，その男性が友人宅に遊びに来ているかもしれないといった話をした。多少奇妙な内容であったので，それについていろいろ聞いていくと，まったく事実の裏付けがないまま，その自転車と別れた男性とを関連づけたもので，妄想的と形容できるような内容であった。

4. 注意の障害（distraction）

　いくつかの点で，この素因の可能性が強く疑われた場合に，患者の注意や集中の障害についてたずねることにしているが，それには，患者にもわかりやすいようにするため，次のような図を用いることにしている（図3）。

　円の外部で上部の領域は，われわれのまわりの世界（環境），つまり，外界を表し，円の外部で下部の領域は精神内界における，前意識，無意識の領域を表す。また，真中の線で区切られてはいるが，円の内部領域は，われわれの意識の領域を表す。

　患者にその図を示しながら，次のような説明や質問を行う。

第5章 統合失調型素因

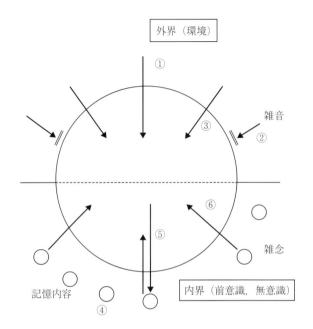

図3 注意の障害

(1) 現在,私の話(①)に集中して聞いていると思うが,私の話し声以外に,外からさまざまな音(②)があることに気づくと思う。たとえば,待合室の人の話し声や道を通る人の声や車の音などである。
(2) ただ,私の話に集中している場合,通常,まわりの音には気づかないものである。たとえば,プレーに集中しているプロ野球の選手には,球場の声援が一切聞こえないという。つまり,われわれの脳には,必要なことのみに集中ができ,余計な雑音をブロックできるような機能があると考えられる。
(3) これまでに,こうした雑音がブロックされずに自然に入ってくる(③),つまり,そのような雑音を(脳が)勝手に拾ってしまうとか,雑音が

気になるとかようなことがあったか.
(4) われわれの脳の中には,人の言葉,自分の考えや出来事など,これまでに記憶されてきたもの（④）がある.それらは,通常,想い出そうとしない限り（⑤）,浮かんでくることはない.ところが,想い出そうとしないのに,記憶されたもの（雑念）が勝手に浮かんでくるようなこと（⑥）があったか.
(5) 特に統合失調症の前精神病状態が疑われる時には,"雑音や雑念で脳の中がいっぱいになり,「脳が忙しい」[4],「頭の中が騒がしい」[5] ことがありますか" と聞くこともある.

以上の質問の前半の部分だけでも同意をした場合は,この素因を強く疑うことにしている.

この質問は,初期分裂病[6]の特異的4主徴の中の,気づきの体験と自生体験に対応するものであると考える.

5. 1つのことに集中するのは得意だが,複数の事柄に同時に注意を向けるのが苦手

統合失調型の素因をもつ患者は,仕事でも勉強でも,1つのことに深く集中するのをとても得意としている.ものごとに深く没頭のできる人たちと言える.ただ,1つのことに深く集中するあまり,それ以外の,まわりのことに全く気がつかなかったり,まわりのことが見えなかったりすることが多い.それは,上述の心理教育の中では,「1つのものにスポットライトが当たっている時のように,注意が限られたものに限定され,逆にその背景のものが見えなくなる」と喩えられている.

これは,逆に複数のものごと（刺激）に対して,まんべんなく注意を払うことが苦手であるということを意味している.この型の素因をもつ患者は,

一対一の時は，相手の話に集中できたとしても，集団での話し合いの中では，話の流れの全体に注意をめぐらすことを不得手としている。

6. 嘘が苦手

土居[7]は，"分裂病者は本来自分の秘密を持ちにくい人たちである"と考え，そのため，"外面的には素直で他人に嘘がつけない正直者として評価される"と述べている。湯浅[8]も，生活臨床の観点から，その土居の考えを取り入れ，"分裂病者は正直者で秘密を持ちこたえられない"ことを，"分裂病かたぎ（気質）"の1つとして挙げている。

ここで言う嘘とは，当然ながら，正直に話したとしたら，自分が不利な立場になったり相手から軽蔑されたりするなどの恐れのある場合に，つくような嘘である。"嘘も方便"といった喩があるように，世の中では，ある程度嘘をつくことは，必要悪として受け入れられている。ところが，この素因をもつ人たちは，嘘がつけなかったり，嘘をつくのが下手だったり，嘘をつくこと自体頭になかったり，嘘をついたことに強く罪悪感を抱いたりする人たちが多い。

7. 人のこころの裏を読む傾向，猜疑的傾向

この素因をもつ人たちの脳は，情報の処理という点では，元来，柔軟性がなく，不器用な傾向が否めないように思う。一方，対人状況や人間関係における情報というものは大変複雑で，多くの情報を同時に処理することが特に必要とされる領域であるが，おそらく，彼（女）らは，長年，人間関係に関する情報を処理する時に，常に不安や緊張を強いられてきた可能性がある。不安や緊張が高まった中で，複雑で多岐にわたる情報を処理しようとしたため，"アンテナの感度"[9]がかなり鋭敏になったのではないかと考えられる。アンテナの感度が高いということは，対人関係における雑音的な要素を鋭敏

に拾ってしまうことにつながっていく。そのことで，関係－被害的な体験を積み重ねていった可能性があり，その体験は，一種の外傷体験となり，さらに，外部からの情報に対する警戒的な態度を強めていった可能性がある。元来，素直で文字通りに情報を受け取るような人たちであったのに，相手の心を勘ぐったり，相手の心の裏を読んだり，まずは疑ってかかったりするような方向へと情報の処理のやり方が変わっていったのかもしれない。

8. 批判されたり，人に振り回されたりするような状況に弱い

Brownら[10]やVaughn[11]の研究によると，"感情表出の高い（high expressed emotion）"家族，つまり，家族メンバーに対して批判や敵意を示すことが多かったり，過度に情緒的に巻き込む傾向が強かったりする家族の場合には，退院した患者の再発率が高いとのことである。

逆に言えば，統合失調症の患者は，批判や敵意を示されること，情緒的に巻き込まれることに対して精神的に脆弱であるといえる。事実，この素因をもつ患者でも，相手の怒りとか攻撃的な行動（態度，言動）に対して，また，恋愛関係等の親密なかかわりをもった場合のような，"相手に振り回されてしまう"といった状況に対して精神的にとても脆く，そのような状況で強い精神的なストレスに曝されることが多い。

9. 遺伝負因

ICD-10における統合失調型障害の項の中に[12]，"これは分裂病患者と遺伝的関連をもつものが多く見られるので，統合失調症の遺伝的'スペクトラム'の一部をなすと考えられている"，また，"第一度親族に分裂病の病歴があることは，この診断に補助的な重要性をもつ……"と書かれている。

筆者も，臨床上，このような遺伝負因を調べることは，この素因をもつ患者を識別する上で重要であると考えている。筆者の場合，第一級親等（親，子，

同胞）にとどまらず，"親類の中で，比較的重い精神障害にかかっていると思われる人はおられますか"と，大まかにたずねている。

　以上，この素因をもつ人たちに対する識別の方法を9項目述べたが，この中には，行動（表情），神経心理学的所見，性格特性，遺伝負因など多様な項目が含まれている。だが，注意の障害などの神経心理学的な所見は，おそらく，脳の神経生理学的な特徴を反映していると考えられるし，脳の神経生理学的な特徴は，患者のもつ遺伝型に規定されている可能性が強い。性格も，神経心理学的症状や脳の神経生理学的な特徴に由来して発現してきたものと考えられるので，いずれの項目も互いに関連していると考えていいと思われる。

統合失調型素因の人たちによく見られる疾患とその事例

　原則的には，あらゆる疾患の診断名が付けられる可能性はあるが，臨床上，よく見られるものは，次の疾患である。

　①軽症うつ病
　②適応障害
　③身体表現性障害
　④回避性パーソナリティ障害
　⑤強迫性障害

【事例1】　20歳代後半，男性，軽症うつ病
　X－3年，仕事が多忙で，精神的なストレスも強まった時期に，頭痛，吐気，不安感等の症状があり，精神科を受診する。自律神経失調症とのことで，セルトラリン，ロフラゼプ酸エチルを処方されたが，あまり改善が見られな

かったとのことで，X年当院を受診する。

　初診時の症状は，頭がすっきりしない，ものを考えようとすると考えを制御されているようで頭が働かない，読書にも集中ができない，仕事が終わった後何事にも集中ができなくなる，などの集中力の低下や意欲の低下，また，漠然とした不安のため動悸が起こり，それでさらに不安になること，さらに，体調が悪いので常にイライラすること，であった。その他，頭痛があり，"頭の皮が委縮する感じ"，"頭を掴まれている感じ"，"頭皮が硬くなり，その部分が白くなって，掻くと毛が抜ける"，といったやや奇異な表現の訴えがあった。

　性格傾向や素因としては，人におべっかを使うのは好きではない（嘘は言わないようにしている），1つのことに集中するとまわりが見えない，子どもの頃に親からしばしば叱責を受けていたことで，仕事でもプレッシャーを感じる（対人関係上の精神的なストレスが心的外傷になりやすい傾向），物音に敏感で，まわりの雑音が気になり，必要なことに集中ができない，等がある。遺伝負因は，同胞の1人と伯母がうつ病（詳細不明）。

　ICD-10の統合失調型障害（StD）に関しては，該当するクライテリアは1項目（g），DSM-Ⅳ-TRの統合失調型パーソナリティ障害（StPD）でも，1項目（3）のみであり，いずれも診断には至らなかった。診断は，軽症うつ病としたが，統合失調型素因（StP）の存在が疑われたため，スルピリド50mg，ブロマゼパム2mgを毎食後に3回服用するといった形で処方を行う。その後，本を読んでも理解できるなど，集中力が改善し，漠然とした不安や頭痛の頻度も減り，"頭の掴まれている感じ"も軽減したとのことであった。ただ，音への敏感さは変っていない。なお，病名について本人からの質問があったため，"統合失調型素因をもつ可能性がある"といった内容の心理教育を行う。当院受診前に仕事を辞めていたが，受診1カ月半後にアルバイトではあるが働き始めたとのことである。

【事例2】 30歳代後半，男性，適応障害，抑うつ状態

　現在の会社に入社する前，1年間，別の会社に勤めるが，とても忙しい職場で拘束時間が長く，また，人間関係もよくなく，まわりの人の話が自分のことを話しているように感じたり，注意力が極端に低下する状態が起きたり，緊張で首が震えたりすることがあったので，当院初診の5年前に転職をする。

　ただ，転職後も，上記の症状が改善せず，精神科に通院を始める。5年近く通院を続けたが，通院先の治療のやり方に納得がいかず，家族の勧めもあり，当院を受診する。過去に関係被害的なエピソードがあること，上記の注意の障害の図（図3）を使って説明したところ，その内容を肯定したこと，高いEE状況でのストレスに弱い傾向があったため，統合失調型素因をもつ事例ではないかと疑う。なお，StDに関しては，該当するクライテリアの項目はなく，StPDでは，1項目（1）のみで，いずれもそれらの診断には至っていない。スルピリド50mg，クロチアゼパム5mgを毎食後3回，服用する処方を行う。ただ，前医からパロキセチンが処方されていたので，離脱症状の予防のため，引き続きパロキセチンも処方したが，徐々に減量を行い，最終的に中止をした。

　当院受診後，"（まわりからの）雑音が入らず，目の前のことに集中できて楽だ"，落ち込まない，同僚と雑談ができるなど，症状の改善と精神的な安定を認めた。受診後，半年位で，仕事が忙しく，仕事の内容も難易度の高い職場に異動となってから，次第にイライラや落ち込みが始まり，次に，意欲低下，興味減退，快感欠如，集中力低下といった抑うつ症状が現われ，抑うつ状態は遷延傾向を帯びる。このため，ノルトリプテリンを1日20mg追加する。その後，抑うつ状態は徐々にではあるが，改善傾向にある。

【事例3】 30歳代後半，男性，適応障害，うつ状態

　長年，研究職に従事していたが，当院受診の9カ月前に現場に異動になる。

仕事も忙しく，部下に仕事を指示したり，顧客と折衝したりすることが苦手で，当院受診の1カ月前から，"職場に行こうとすると，その日の仕事が頭に浮かび，頭がくらくらする"，"仕事に向かおうとしても，仕事に集中できない（頭が働かない）"等の症状が現われ，当院を受診する。

　上司等から怒られたり，注意されたりすることなどのプレッシャーに弱いこと（対人関係についての，批判や敵意に対する脆弱性），同胞の1人が統合失調症で現在も通院中であることなどから，統合失調型素因を疑う。なお，StD，StPDに関しては，該当するクライテリアはない。初診時，スルピリド50mg，タンドスピロン10mgを毎食後，1日3回で，処方を行う。服用後，"嫌なことがあるとふさぎこむ"といったことが減り，何か言われた時にすぐ反応できるなど，頭の働きも良くなったとのこと，また，以前あった，希死念慮もまったくないとのことであった。だが，上司から怒りのメールが来たり，顧客に無理な要求をされたりすると，頭がくらくらして，頭が真っ白になるとのことで仕事は休みがちであった。このため，タンドスピロン10mgをクロチアゼパム5mgに変更する。このことと，上司から顧客の担当を外してもらったことで症状は改善する。その後しばらく，眠気のため遅刻することがしばしばあったが，職場には通い続ける。その後，薬は徐々に減量していき，初診の1年後には，再発予防のため，スルピリド50mgを朝食後に服用するだけになった。なお，その際に，統合失調型素因について心理教育を行っている。

【事例4】　20歳代後半，男性，適応障害
　職場の人間関係による精神的なストレス等から，イライラ感，落ち込み，高揚感といった症状が現われ，当院初診の2年半前に精神科を受診する。その後，転職するが，上司からの罵倒や叱責を受けたり，同僚から無視されたりするようになる。そのことで主治医に"被害妄想"と言われたことが不満

で，当院を受診する。主訴は，不安感，イライラ感，時に高揚感。泣き顔や驚いた時の顔に似た不自然な表情，批判や敵意に対して精神的にかなり脆い傾向，正直で嘘がつけない性格，関係・被害的な体験の疑い，叔母が統合失調症といった遺伝負因等があり，統合失調型素因をもつ事例ではないかと考える。当院受診前は主に抗うつ薬が処方されていたが，当院受診後，比較的少量のクエチアピン，スルピリド，アリピプラゾール等の抗精神病薬へ徐々に切り替えを行う。それまで，自宅療養を続けていたが，徐々に精神的に安定していったため，当院受診2カ月後から，リハビリ出勤を始めた。だが，以前にトラブルを経験した接客の仕事等に対する不安が強く，受診3カ月頃から，意欲低下，集中力低下，快感欠如等の抑うつ状態が始まり，再び自宅療養を始める。この抑うつ状態は遷延傾向を帯びるが徐々に改善し，受診7カ月後から再びリハビリ出勤を開始する。だが，家庭内のトラブルに振り回されたことがきっかけで，精神的に不安定となり，抑うつ状態のため，再々度，自宅療養となる。その後も，抑うつ状態が改善せず，休職期間が切れたため，職場は解雇となる。（受診1年4カ月後）。その後，再就職をするが，些細なストレスや不安から数日程度で辞めてしまい，仕事をしていない状態が続く。受診2年2カ月後から，仕事を始めている。

【事例5】 20歳代後半，男性，身体表現性障害

大学生の頃，提出した課題がなかなか人に評価されず，課題に向かうとパニックとなり集中ができず，このため，授業に出席しなくなる。ただ，サークルやアルバイトは続けていたとのことである。4年の時，留年となるが，その頃から，喉の異物感，息苦しさ，胸が締め付けられる感じ等の症状が始まる。なかなか就職活動がうまくいかず，受診1年半前に，大学院に進学するが，その前後から，上記の症状が日常的に起こるようになる。

当院受診時，診察場面でずっと緊張した，不自然といえるような表情が続

くこと，ものごとを他人の視点からみることは一切なく，感覚的・主観的にみるばかりで，まわりからは"不思議な人"と評価されていること，人からの批判に弱いこと，1人でいることが楽であること，嘘はつけないこと，図3を用いた"注意の障害"の説明に同意したこと（関係被害的な体験があったこと）などから，統合失調型素因をもつ事例である可能性を考えた。ちなみに，StPDに該当するクライテリアは2項目（1, 2），StDは2項目（a, d）のみであった。

初診時，スルピリド50mg，クロチアゼパム5mgを毎食後，1日3回で処方を行ったが，その後，上記の身体症状が消失し，それに伴い集中力も改善したとのことであった。また，薬を服用した直後から夢を見るようになったが，それは，感受性が豊かになったような感じの，色彩のついた夢とのことである。その後，研究や課題で忙しい生活になると，一時的に，倦怠感，意欲低下が出現したり，就職活動をした後に疲れで寝込んだりしていたが，以前に比べて，日常生活は改善している。

統合失調型素因をもつ人たちへの薬物療法

薬物療法に関しては，初期分裂病といった疾病概念を提唱した中安[6]の述べたことと同様に，統合失調症や統合失調症の関連障害の診断基準を満たすことはないものの，統合失調型素因をもつと考えられる患者に対しては，"中核的でない辺縁的な"抗精神病薬が有効であると考えている。つまり，それらの患者には，スルピリド，フルフェナジン，パーフェナジン，アリピプラゾール等の，比較的少量を使用することであり，ハロペリドールでは，眠気や錐体外路障害が出現する可能性が高い。筆者の場合，スルピリド等に加え，抗不安作用の比較的弱い，クロチアゼパム，タンドスピロン等の抗不安剤を補助的に併用し，症状が改善され，薬の減量が可能となった時点で，まず，

表4 ICD-10 F21 統合失調型障害（StD）

a) 不適切な，あるいはぎこちない感情（患者は冷たくよそよそしくみえる）。
b) 異様な，奇妙な，あるいは風変わりな行動や容姿。
c) 他者との疎通性のとぼしさ，および引きこもって人付き合いしない傾向。
d) 本人の所属する文化的規範にも矛盾し，行為に影響を与えるような奇妙な信念や神秘的な考え。
e) 猜疑的，妄想的な観念。
f) しばしば醜形恐怖的，性的，あるいは攻撃的な内容を伴う，内的抵抗のない強迫的な反復思考。
g) 身体感覚的（身体的）錯覚などの諸感覚，離人症あるいは現実感喪失を含む異常知覚体験。
h) 奇妙な会話やその他の仕方で表現され，著しい減裂はないが，あいまいで回りくどく比喩的で凝りすぎた常同的な思考。
i) 強度の錯覚，幻聴や他の幻覚，および妄想様観念をともなった精神病様エピソードが時折，一過性に通常外的誘発なくして生じる。

表5 DSM-Ⅲ-TR 301.22 統合失調型パーソナリティ障害（StPD）

1) 関係念慮（関係妄想は含まない）。
2) 行動に影響し，下位文化規範に合わない奇妙な信念，または魔術的思考（例：迷信深いこと，千里眼，テレパシー，または"第六感"を信じること；小児および青年では，奇妙な空想または思い込み）。
3) 普通でない知覚体験，身体的錯覚も含む。
4) 奇妙な考えと話し方（例：あいまい，まわりくどい，抽象的，細部にこだわりすぎ，紋切り型）。
5) 疑い深さ，または妄想様観念。
6) 不適切な，または限定された感情。
7) 奇異な，奇妙な，または特異な行動または外見。
8) 第一度親族以外には，親しい友人または信頼できる人がいない。
9) 過剰な社交不安があり，それは慣れによって軽減せず，また自己卑下的な判断よりも妄想的恐怖を伴う傾向がある。

抗不安剤から減量，中止を行う。ところで，このような患者に，前医により抗うつ剤が処方されている事例を診ることもまれではないが，一般に，抗うつ剤では，症状の改善が不十分であるというばかりでなく，一過性の軽躁状態や精神病状態を引き起こす可能性があるため，勧めることはできない。

また，抗精神病薬を服用し，一時的に初診時の症状が改善された事例の中

で,後に統合失調症後抑うつに類似した,抑うつ状態を呈する患者がいる(【事例2】)。彼(女)らの症状は一般に軽度か中等度で,抑うつ症状はあっても,何とか社会生活を維持することが可能であることも少なくない。だが,抑うつ状態が数ヵ月以上遷延することがあり,それに伴う患者の不安や焦りや落ち込みに対して十分注意を払う必要がある。一時的な深い落ち込みの時に自殺念慮が生じるような場合には,少量の抗うつ剤(ノルトリプチリン)を追加投与する場合もある。

　なお,症状が改善された後の,薬の減量についてであるが,統合失調症の場合と同様に,少量維持療法を勧めている。その方が,症状再燃の場合,症状が軽くて済むばかりでなく,すぐに受診につながる可能性が高いからである。

統合失調型素因をもつ人たちへの精神療法

　このような患者に対しての特有の精神療法はない。ただ,上記の注意の障害等,患者の症状を的確に把握すること,治療者の知りえたことをできるだけ平易に患者に伝えることは,患者の治療者への信頼感につながり,それ自体が精神療法的であると考える。

　病名の告知についてであるが,原則は,患者が病名を治療者にたずねてきた時点で,かつ,患者との治療的な関係がある程度築かれたと思われた時点で,"……障害ではあるが,統合失調症の人たちと似たような性格,特徴,素因を持っている可能性がある"といった形で,ある程度詳細に,症状,病態,治療法等についての"心理教育"を行うことにしている。唐突な告知は,不安や困惑を引き起こす可能性があり,そのため,通院の中断につながりかねないので,避けるべきと考える。未だ十分にラポールがついてはいないが,将来の治療等の必要性から統合失調型素因をもつことを示唆すべきと思われ

るような場合には，"統合失調"といった用語は一切用いずに，"ある特定の素因をもつ疑い"ということで，素因や治療等についての心理教育を行う．

参考文献

1) Anderson, C., Reiss, D. J., & Hogarty, G. E.: Schizophrenia and the Family; A Practioner's Guide to Psychoeducation and Management. The Guilford Press, New York, 1986. (鈴木浩二, 鈴木和子監訳：分裂病と家族. 金剛出版, 東京, 1988.)
2) McGhie, A., & Chapman, J.: Disorders of attention and perception in early schizophrenia, Brit. J. Med. Psychol., 34; 103-116, 1961. (天谷太郎, 飯島幸生, 加藤雅人, 中安信夫訳：初期分裂病における注意と知覚の障害. 思春期青年期精神医学 1, 1; 92-110, 1991.
3) Freedman, B. J.: The subjective experience of perceptional and cognitive disturbances in schizophrenia; a review of autobiographical accounts. Arch. Gen. Psychiat., 30; 333-340, 1974.
4) 神田橋條治：わたくしの分裂病治療. 神田橋條治著作集：発想の航跡. 岩崎学術出版社, 東京, 408-421, 1988.
5) 星野弘：分裂病の回復をめぐって. 星野弘他著：治療のテルモピュライ；中井久夫の仕事を考え直す. 星和書店, 東京, 1-36, 1998.
6) 中安信夫：初期分裂病—いかに診断し, いかに治療するか？. 精神科治療学, 6; 761-772, 1991.
7) 土居健郎：分裂病と秘密. 土居健郎編：分裂病の精神病理. 東京大学出版会, 東京, 1972.
8) 湯浅修一：精神分裂病者の生活臨床. 横井晋他編：精神分裂病. 医学書院, 東京, 1975.
9) 中井久夫：関係念慮とアンテナ感覚. 中井久夫著作集 4 巻：治療と治療関係. 岩崎学術出版社, 東京, 1991.
10) Brown, G. W., Birley, J. L. T., & Wing, J. K.: Influence of family life on the course of schizophrenis disorder; A replication. Brit. J. Psychiat., 121; 241-258, 1972.
11) Vaughn, C. E.: Family factors in schizophrenic relapse, Archives of General Psychiatry, 41; 1169-1177, 1984.
12) World Health Organization: The ICD-10, Classification of Mental and Behavioral Disorders; Clinical descriptions and diagnostic guidelines, Geneva, 1992. (融道男, 中根允文, 小宮山実等監訳：ICD-10—精神および行動の障害；臨床記述と診断ガイドライン 新訂版. 医学書院, 東京, 2005.)

第6章
パニック型性格

パニック型性格をもつ人たちの特徴

　この性格の型をもつ人たちは，パニック障害，もしくは，広場恐怖といった診断をされたものに限られている。他の障害の診断をされた人たちの中で，この性格の型をもつ人たちを，現在のところ，特定できていない。したがって，この性格の型をパニック型と呼ぶことにする。この型の性格をもつ人たちの特徴を次に述べる。

1. 自ら役割や立場に従順で，まわりの期待に応えようとする傾向。

　まず，第1に，自分に与えられた"役割"や自分の置かれた"立場"があると，それらに"従順"である。つまり，自らの役割や立場を"素直に，生真面目に"守ろうとする傾向がある。第2に，まわりからの"期待"や"要望"に対して，一生懸命，それに応えようとするような傾向のある人たちである。"役割"や"立場"というのは，主婦であるならば，母や妻としてのそれであって，その期待された役割に対して，彼女らは疑いを差し挟むことなく，非常に従順で，それを一生懸命果たそうとする。患者が会社員の場合であれば，たとえば，営業のノルマを果たすことに熱心で，常にいい成績を出すよう，遮二無二努力をする人たちであり，また，与えられた仕事があると，上司の期待した以上の結果を出そうと頑張る人たちである。彼（女）ら

は，努力したことにより得られた自身の達成感よりも，まわりに"ほめられること"を求めている。言い方は不適切かもしれないが，忠犬がご主人のために尽くすようなイメージがある。

　彼（女）らの，役割や立場を守り，まわりの期待に応えようとするといった傾向は，それが負担の重いものである場合，神経的な無理をその人たちに強いることのなりかねない。それは神経的な興奮を起こし，それが自律神経系の異常につながり，パニック発作の原因となると考えられる。

2. 温和さ

　彼（女）らは，人に対して滅多に怒ることのない，穏やかな性格の持ち主であることが多い。たとえば，同僚から多少嫌なことを言われたりされたりしても，すぐに反発したり不快感を表したりすることが少ない。いよいよ耐えられなくなる限界点までは，ひたすら我慢するような人たちである。このため，職場などでの人間関係がうまくいかなくなると，それが精神的なストレスとなり，持続的な不安・緊張を強いられ続けることになる。その精神的なストレスにひたすら耐え続けた結果，充満したダムの水が一気に放出されるように，不安・緊張が放出されたのがパニック発作とも考えられる。ちなみに，一時，Freud は，"不安神経症では，リビドー興奮・緊張が不安に変形される"といった，"うっ積不安説"の立場をとっていた[1]。

3. 怖がり

　また，もともと，彼（女）らは多少"怖がり"の傾向をもつ。たとえば，近所で事件が起こると怖くなって一時外出を控えたり，柄の悪い人や怖い感じのする人には近寄らなかったり，一人で夜道を歩けなかったり，映画やテレビでホラーもの，パニックもの，サスペンスものを観なかったり，子どもの頃，幽霊が怖くて1人ではトイレに行けなかったりするような人たちである。

この怖がりの傾向のため，体調の異常に対して過度に警戒をしたり，また起こるのではないかと不安になったり，パニック発作に対して恐怖感を抱いたりするのかもしれない。

　ところで，安永[2]は，"狭義不安神経症"とタイプ分けした患者群の性格傾向について，"一般に良心的，温順で，よき社会人，家庭人である"，また，"弱点としては恐怖的な感覚暗示にひきずられやすい"と述べているが，この特徴は，筆者が上記に述べたものと一致するものであるように思える。ついでながら，安永が"混合型不安神経症の中の，神経衰弱様色彩を帯びるもの"とタイプ分けしたものの特徴は，①「頭痛，不眠，いらいらする，細かいことが気になる，非常に疲れている」等の訴えが加わる，②心因状況はより顕著，③性格は，「気は小さいが気が短い，曲がったことが大嫌い，など能動的要素がより多い」であり，すでに述べた，ヒステリー型性格をもつパニック障害の人たちの特徴に近いように思える。

　また，藍沢ら[3]は，パニック障害の患者に対して性格傾向に関する調査を行ったが，予後が良好な一群の患者で，パニック障害の中核群とされているものの性格傾向の中に，"従順・素直・温和"があり，他方，予後不良群の患者には，勝気，短気，行動力，社交性などの"強力性の要素がある"と述べている。前者の性格傾向は，パニック型のそれに該当するものと，また，後者の性格傾向については，予後との関連については別にして，ヒステリー型の人たちの性格性向に類似しているものと思われる。

　この型の性格の特徴は上記の3つだけだが，パニック障害を起こしうる性格の型は，主に，パニック型とヒステリー型の2つであるから（強迫型の場合は，広場恐怖のみ），第1に，"パニック障害"と診断され，第2に，その人たちの性格が上記の性格の特徴と一致しており，第3に，ヒステリー型性格の特徴を有しない人たちであれば，その人たちの性格の型を"パニック型"

と特定することが容易にできると考える。

パニック型性格をもつ人たちの事例

【事例1】 40歳代後半，男性，パニック障害

　男性は，X－6年8月に軽度の腰の手術を行ってる。この際の検査で，不整脈を指摘され，その後も時に動悸はあったが，その治療は行っていない。X－2年春頃から急に仕事が忙しくなって，X－2年秋頃から，寝ると，「そのまま意識が戻らなくなる」，「この世から自分が消えてなくなる」といった恐怖が現れる。

　X－1年9月に，内科の診療所で心房粗動を指摘され，このため，X－1年11月に病院で心臓カテーテルを用いた治療を試みるが，その治療はうまくいってない。その頃から，心臓に対して不安を感じるようになったとのことである。

　X年1月，仕事中に，突然，不安を伴い動悸が出現したため，救急車で病院に搬送される。そこでは，心房粗動が見られるとのことでβ-ブロッカーが投与されるが治らず，抗不安薬を服用後に動悸が落ち着いたとのことである。その後も，何の前触れもなく，「得体のしれない」不安感のため，一所にじっとしていられず，歩き回ることが続いていた。

　多少，不安も落ち着いたとのことで，職場に復帰するが，強い不安感と，「それから逃れるため死にたい」といった自殺念慮が起こり，家族の勧めもあり，X年1月に当院を受診する。

　症状的には，パニック発作後にも，予期不安や，職場といった空間での広場恐怖が認められ，パニック障害が疑われる。このため，性格類型的には，パニック型かヒステリー型が想定された。

Th：ところで話は変わりますが，あなたは，自分の性格はどのようなものだと思いますか。
Pt：堅苦しいような……融通を利かすところはないです。
Th：堅苦しいというのは，具体的にはどんなところですか。
Pt：会社の話になりますが，決められたことはきちんと。細かい部分には気になったりします。
Th：細かいところとは？
Pt：（職場では）決めごと通りに電話で話すことも……。部下がきちんとできていないと気にしたりする方です。

　この時点では，この患者の発言から，「立場や役割に従順」といった患者の性格傾向を思い浮かべることができていなかった。むしろ，「きちんと」といった言葉に引きずられて，ヒステリー型性格を疑うことになる。

Th：日常生活上で，「こうすべき」とか，「こうあるべき」とか，ものごとに対しての自分の考えというか,意見というか,そのような基準は,「自分なりには」持っていると思いますか。
Pt：あります。上の方からの具体的な指示がないと，自分たちが指示を出します。（実は，この発言からも「役割に従順」な傾向がうかがわれる。）
Th：自分の意見を他人に言って，揉めるならば，言わないでおきますか。
Pt：「こうゆう目的で，このようにやるのだから，やりなさい」と言います。
Th：それで，相手に対して怒鳴ることもありますか。
Pt：そこまではしないです。部下が指示に納得いかなくても，一応，指示するようにします。
Th：人に気を遣うところはありますか。
Pt：そんなところはあります。

Th：嫌われないようにと，気を遣うところはありますか。
Pt：嫌われないような感じはあります。仕事ができる人とできない人がいて，できない人と同じように仕事をしないというのはあります。
Th：後輩とか新人に教えたり，やってあげたり，面倒は見る方ですか。
Pt：嫌いじゃないです。
Th：過呼吸を起こしたことはありますか。
Pt：経験ないです。

ヒステリー型性格を疑い，ここまで質問を続けていたが，どうもしっくりいかない感じがするようになり，次にパニック型性格の特徴の有無について質問を行う。

Th：あなたの性格の中で「怖がり」のところはありますか。
Pt：あります。特に，1回，ちょっとめまいがして，悪い想像をしたんです。ちょっと，病状を過大に考えるきらいがあります。体に関しては，悪い方に考える方です。
Th：心配性の傾向ですか。
Pt：そうです。11月に心臓の治療をすると聞いて，たばこを止めようと思い，（今）止めているんです。禁煙薬をのんで。
Th：自分の置かれた立場や与えられた役割に対して従順なところはありますか。
Pt：（そのように）やろうとする方です。
Th：期待されると，一生懸命，それに応えようとするところはありますか。
Pt：あります。

以上の質問の答えの他，人に対してあまり攻撃的にはなれない，温和な性

格であると考えられるため，ここにきて，ようやくパニック型の性格であると判断するに至る。

　このため，薬は，パロキセチン10mgを夕食後に，ロフラゼプ酸エチル1mgを朝食後に，スルピリド150mgを分3で毎食後に，不安時の頓用としてアルプラゾラム0.4mgを処方する。また，薬が奏功するまでは，当面，職場復帰は難しいと考え，自宅療養を指示する。

　この薬物療法により，不安はかなり解消されたものの，パニック発作の起こった職場への復帰には抵抗を示す。だが，治療者の勧めによって，X年2月下旬に職場に復帰する。通勤の電車の中でも，職場でも，強い動悸や不安はないが，仕事で忙しかったり，以前にパニック発作の起きた時間帯になったりした時に，また，時に電車の中で，ゾクゾクするような，怖いような感じになるとのことで，その際は，他のことで気を紛らわせているとのことであった。このため，ロフラゼプ酸エチルは，2mgに増量をしている。X＋1年9月の段階では，職場でもはとんど不安は起こらす，仕事も順調とのことであり，それまでと同様の薬の服用を継続している。

【事例2】　40歳代前半，男性，広場恐怖

　以前から満員電車では圧迫感があり，「好きではない」とのことであった。また，X－3年位に，一般道で渋滞に遭った時に，「嫌な」気分になり，その後，近場で知っている道しか運転ができなくなったと言う。

　X年8月に狭心症の発作（？）があり，それから，通勤電車に乗ると動悸やめまいに襲われ，電車を途中で下車することが続いた。また，車でも前の車が詰まってくると，「気分が悪くなる」とのことであった。このため，X年9月に当院を受診する。

　診断的には，明らかなパニック発作が病気の始まりでもなく，徐々に，「拘束される」ような空間で，不安や動悸が出現するところから，広場恐怖とした。

性格的には，人から言われた通りにやる傾向があり，「生真面目である」と言う。自らの立場や役割には従順であり，また，人から期待されると頑張るとのことで，そのために睡眠を削るなど，仕事などで無理をする傾向があるとのことである。また，ちょっとした体の不調で，「死んじゃうんじゃないか」と考えるなど，怖がりの傾向もあることから，パニック型性格が強く疑われた。

　このため，パロキセチン10mgを夕食後に，ロフラゼプ酸エチル1mgを朝食後に処方する。一週間後に再び来院し，パロキセチンは一回しか服用せず，ロフラゼプ酸エチルのみ服用していたが，それでも不安や動悸は改善していた。治療者の方では，「むしろパロキセチンをのんで，ロフラゼプ酸エチルから減量，中止していくよう」助言をする。その後は，両方の薬を服用するようになり，通勤の電車も，速度がゆっくりになると「嫌な」気分にはなるが，乗れているとのことである。

　X＋1年3月からは，治療者の助言で，ロフラゼプ酸エチルを隔日で服用するようになったが，当初，多少のそわそわ感はあったものの，すぐ落ち着き，問題はないとのことであった。このため，X＋1年5月からは，ロフラゼプ酸エチルの服用の中止を試みるように勧め，処方薬は，パロキセチンのみにした。なお，X＋1年7月以降，通院は中断されている。

パニック型性格の人たちの治療

　すでに述べたように，この型の性格の人たちは，自らの立場や役割に対して従順で，まわりの期待に応えようとするところがある。その立場や役割や，まわりの期待が本人にとって負担とならない範囲であればいいが，負担となった場合，その精神的なストレスにより過剰な神経の活動を強いられ続けることになる。それによる興奮や疲労が蓄積することにより，突然，発作的に

自律神経系の異常と不安が現れてくるのが，パニック発作と考えられる。ヒステリー型の人たちのように，自ら神経を働かせすぎて興奮するようなタイプではないので，自律神経系の異常が長引くことはないが，"怖がり"の性格により，パニック発作に対する過剰な警戒感が発作後もしばらく続き，その結果，"予期不安"という形での不安が継続する可能性が高い。

　薬物療法に関して言えば，筆者の経験からではあるが，これらの患者の場合には，SSRIの中でも，パロキセチンが有効である。多分，"怖がり"に対してこれらの薬物が有効で，"発作"に対する不安や恐怖をそれが緩和してくれるのであろう。不思議なことに，今のところ，パロキセンの服用時によく見られる，吐気や食欲不振等の消化器系の副作用は，この性格の型の患者には出現していない。SSRIの他に，自律神経系の異常による身体症状や不安感を緩和するため，抗不安剤であるロフラゼプ酸エチルを追加することの方が多い。また，まれなケースではあるが，【事例1】のように，職場等で精神的なストレスにさらされているような場合に，スルピリドを追加することがある。

　精神療法的な観点では，"怖がり"のため，不安を引き起こす可能性のある状況を回避する傾向がある。そのため，それをいたずらに回避せず，それに少しずつ直面するよう促すといった，行動療法的なアプローチが必要とされる。

参考文献

1) 小此木啓吾：不安信号説．保崎秀夫，笠原嘉，宮本忠雄，小此木啓吾共編：精神医学事典，弘文堂，東京，1975．
2) 安永浩：不安反応（不安神経症）．井村恒郎他：神経症．医学書院，東京，1967．
3) 藍沢鎮雄，星野良一，竹内龍雄他：不安神経症者の性格特徴について．精神医学，27；287-293，1985．

第7章
境界型性格

境界型性格をもつ人たちの特徴

　ここで境界型性格と呼ぶのは，境界性パーソナリティ障害（DSM-IV-TR）や情緒不安定性パーソナリティ障害（ICD-10）の患者に見られる性格である。すでに多くの先人により，境界性パーソナリティ障害（BPD）については，性格構造の観点から，症候論の観点から，多くの研究がなされている。ここでは，それらの総説的な紹介は行わず，それらの先人の教えを頼りにしながらも，著者の臨床経験から導き出した，境界性パーソナリティ障害の性格特性について述べてみたい。

1. 自分がないこと

　Gunderson[1]は，「安定した一貫性のある自己感（sense of self）を確立し，それを維持できないことが，ボーダーライン患者にとって中心をなす問題であり，この診断を行うための基準のもっとも重要なものである」と述べている。
　著者も，この人格特性（構造）を，境界性パーソナリティ障害を理解する上でのもっとも重要な特徴と考えており，この特徴を足掛かりに境界性パーソナリティ障害の人たちの性格特性や行動特性について語っていきたいと思う。
　この特徴は，DSM-IV-TR や ICD-10 の診断基準にもなっているもので，DSM-IV-TR では，"同一性障害：著明で持続的で不安定な自己像または自己感"

と，ICD-10 では，"患者自身の自己像，目的，および内的な選択（性的なものを含む）がしばしば不明瞭であったり混乱したりしている"という形で表現されているものである。この特徴は，すでに述べたヒステリー型や強迫型の人たちとの比較で考えてみれば，よりわかりやすいと考える。つまり，ヒステリー型性格の人たちには，"～すべき"とか，"～あるべき"とか，外界のものごとに対する自分なりの"基準"があり，また，強迫型性格の人たちには，自らの人生の理想的なあり方や生き方に対する自分だけの強い想いがあるのだが，境界性パーソナリティ障害の人たちには，それらが見当たらない。つまり，外界のあり方や内的な想いなどの"こだわり"がないのである。その結果，人生をどのように生きるのか，人生の目的は何なのか，世界をどのように見るのかが明瞭でなかったり，ほとんど欠損していたりするのである。

　このことは，次のように喩えることもできる。つまり，ヒステリー型性格や強迫型性格の人たちが，大地に深く"根"を張っている草木のような人たちであるとしたら，境界型性格の人たちは，池や川に漂う"浮草"のようなものであると。

　Gunderson は，また，「不安定な自己感が診断の中心をなすにもかかわらず，患者のそばに長時間ついてないと，この問題を正確に同定することが困難である」とも述べているが，筆者も同感である。また，患者自身も，比較的短い治療関係の中では，"自分がないこと"を洞察すること，指摘されて自覚することは困難であるように見える。さらに，Gunderson は，「これ（不安定な自己感）をボーダーラインの診断基準の1つにすることには非常に問題がある」と述べていて，筆者も，それに異論はないものの，境界性パーソナリティ障害を理解するためにはとても重要なものであるので，診断基準には，外せない特徴のように思う。

2. 相手に合わせること

"自分がない"のだから，対人場面では，相手に合わせることが習い性になっており，また，そうすることで外界に一見うまく適応をしている。ただ，境界型の人たちにとって，相手に合わせていることについての自覚は乏しいことが特徴的である。そのことは，人に好かれたいために相手に話を合わせようとするようなヒステリー型性格の人たちとは対照的である。ヒステリー型性格の人たちは，それを指摘さえすれば自覚や認識ができる人たちであり，そのことに対しては前意識的である。

ところで，Deutsch（1934）が記載した"as if personality"といった人格の障害が，これまで，境界性パーソナリティ障害との関連が深いものとして取り上げられてきた。岩崎[2]によれば，それは，「一見正常で適応的な行動をとるようにみえるが，実は他の人と情緒的に深いかかわりをもった安定した関係を発展させることができず，表面的な順応状態を繰り返す人格」で，また，「置かれた環境次第で，目前の対象との表層的・一時的な同一化をくり返し，一貫性に欠ける」ような人格であり，「このように外界の環境に合わせて人格のあり方が多様に変化する特徴は，カメレオン様（cameleon like）と表現されることが多い」といったものである。

対人場面で相手に合わせるということは，境界性パーソナリティ障害の人たちがそれを自覚している，していないにかかわらず，その場面で我慢を強いられたり，相手に傷つけられたり，相手に振り回されたりすることを必然的に伴うものである。彼（女）らにとっても，それらのことが精神的なストレスとなり，それが積み重なると，突然，それが神経症症状や怒りや落ち込みとなって出現することになっても不思議ではない。

3. 依存的であること

境界性パーソナリティ障害の症候論的な研究において先駆的な役割を果た

したGrinkerら[3]は，境界性パーソナリティ障害の患者の，感情や知覚や対人関係などの要素について臨床的で系統的な観察を行い，それから得られたデータの分析を通して，彼らが"ボーダーライン症候群"と名づけた患者たちに4つの一般的な特徴を見出した。その1つが"依存性"である。彼らは，「ボーダーライン患者は，愛情に満ちた（affectionate）人間関係の欠落によって特徴づけられて」おり，「その関係は，依託的（anaclitic），依存的（dependent），もしくは，相補的（complimentary）であり，相互的（reciprocal）であることはまれである」と述べている。

ところで，境界性パーソナリティ障害の人たちは，大地に深く根を張るような草木ではなく，水の上に漂う"浮草"のような存在であると，先に筆者は述べた。それは自由に動けるといった半面，風や流れ次第でどこに行き着くのかもわからないような，心もとない，頼りない存在でもある。それによって生まれる不安や怖れから，彼（女）らは何かにしがみつかざるを得ないので，他者に対する依存的な関係を希求しがちである。その依存対象は，通常，両親や配偶者や付き合っている異性である。このような対象が彼（女）らの依存を充足させてくれている間は，逸脱行動も見られず，彼（女）らの精神状態は安定する。小此木[4]は，「（夫は）幼い者や弱い者に対する同情心，彼らを世話することに特別な思いを抱き，大変独立心の強い人物」であり，そのような男性と職場で知り合い，境界性パーソナリティ障害の女性患者は，「（そんな彼に）初めて安心して甘えられ，どんなにわがままを言っても許してくれる人といったイメージを抱くようになり，その夫と結婚することによって，彼女は，見かけ上，大変安定した結婚生活を送ることができるようになった」といった事例を紹介している。その上，夫が自営業であったため，2人は一日中，2人だけの生活を送ることになり，2人には「共生的な間柄」，「特有な依存関係」が維持されることになったと，小此木は述べている。ちなみに，その依存関係は子どもの誕生とともに崩れていき，それに伴い，妻

の精神状態も不安定となっていく。

　著者のかかわる事例では，家族に対する不満のため，家族と衝突を繰り返していた境界性パーソナリティ障害の男性は，友人らの再三の勧めにもかかわらず，家を出て一人暮らしを始めようとは決してしなかった。不満はあっても，家族に依存し，しがみつかざるを得なかったのである。

　依存関係を求める傾向は，時に，治療者に対しても向けられることになる。つまり，「話を聴いてほしい」といった要請をもって治療者の前に現れることになるが，筆者の経験では，治療者に対してこのような依存性を示す患者は境界型性格とヒステリー型性格の人たちに限られる。その意味では，治療者に対して依存関係を求める傾向は，境界型性格を特定するための基準になりうると考える。

　ところで，精神科医や臨床心理士になった人たちの中には，"人助け精神"の強い人たちが少なくないが，フロイトの言った治療者の"中立性"が保たれていないと，気づかないうちに，治療者と患者がそのような依存関係になってしまうことがある。当然，その関係に患者が満足している時には，治療者－患者関係は良好だが，依存関係が満たされなくなると患者が不満を抱く。すると，患者は一転，治療者に怒りを向ける。しかも，しがみつくようになり，治療関係は混乱する。この混乱が著しい場合は，後々，患者は，神田橋[5]の言う"厄介な患者"となる可能性がある。

　また，境界性パーソナリティ障害の患者たちの中には，治療者との依存関係を求めて，治療の場を転々とする人たちも少なくない。他流試合を試みる武芸者のごとく，治療者の力量（共感性や理解力）がどの程度か，彼（女）らの望むような依存関係を成立させることができるのか否かを確かめるため，多くの精神科を渡り歩く。

4. 非常に傷つきやすいこと

　先に述べた，Grinkerら[3]が"ボーダーライン症候群"と名づけた患者の，4つの一般的な特徴の中の1つが，怒り（anger）である。彼らは，「怒りは，ボーダーライン患者が体験する主要な，あるいは，唯一の感情のように思われ，それはさまざまなターゲットに対して多かれ少なかれ直接的に表現される」と述べている。境界性パーソナリティ障害の患者との治療的関係を多少ともった人たちは，ほぼ全員，彼（女）らの表す怒りを経験したはずである。共感性にいくぶん欠けた，治療者のささいな言葉や行動に対して傷つき，通常，彼（女）らは，即座に，激しい怒りといった感情を示してくる。この怒りが，時に，治療者との安定した治療関係を損ない，治療からの脱落といった結果に終わることがある。

5. 依存的関係（きずな）が希薄になったり断たれたりしたと感じた時の激しい反応

　Gunderson[1]は，境界性パーソナリティ障害の患者に見られる，アルコールや薬物の乱用や，飲酒と関係した性的な乱脈などの衝動性を，彼（女）らの特徴の1つとしてあげていて，そのような衝動的な行動は，「淋しさや見捨てられを感じる事態にある時に起こりやすい」と述べている。ある女性の患者は，出産後に，会社に行く夫を引き留める行動を繰り返し，このため，夫は失職する恐れに陥ったことがあった。

　衝動的行動の中には，リストカットなどの自傷行為や薬の大量服薬も含まれるが，すでに述べたように，これらは，心的外傷を抱えたヒステリー型性格の患者たちの中にも頻繁に見られる行動である。したがって，これらの行動をもって境界性パーソナリティ障害と診断すると，それは誤診につながる。あくまで，これまで述べた性格特性が診断の決め手になると筆者は考えている。

境界性パーソナリティ障害の治療

　このことに関して筆者が述べる資格を有しているとは思えない。

　すでに述べたように，彼（女）らの特徴の1つが依存性であり，精神科の外来を訪れる時に，薬物療法よりも心理カウンセリングを求めて来院する患者たちがかなり多いことを経験している。だが，筆者の外来の形態は，その要請に応えられるようなものではない。さらに，患者の示す怒りが治療関係の中断を引き起こすということもある。このため，継続して通院をする患者はかなり少なく，筆者の治療の経験ははなはだ乏しい。

　乏しい中で，長期に通院が続いている事例はある。その患者は，日常生活に行き詰まったり何か問題を抱えたりすると，その問題や悩みを携えて来院する。短い診療時間だが，毎回，問題に対する対処方法を協力して何とか考えだすことで，多少，患者の不安が解消されるといった治療経過があり，その通院は定期的に続いている。言わば，治療者が患者の自我の代理を一部担っているような形である。これも，患者の示す依存性である。この患者の場合，筆者の外来の枠に収まるように努めているようで，治療者に対する過度な要求はない。ただ，筆者の携帯の番号を教えてあって，時に，切羽詰まった折には電話をかけてくることもあるが，それも，比較的短時間の通話で終わり，筆者の負担になるものではない。

　薬物療法に対しては，治療者の経験はさらにおぼつかないものとなる。数少ない経験からは，怒りに対しては，パーフェナジンやアルピプラゾールやクエチアピンを，淋しさや抑うつにはSSRIを処方している。

参考文献

1) Gunderson, J. G.: Borderline Personality Disorder. American Psychiatric Press Inc. Washington D.C. 1984.（松本雅彦，石坂好樹，金吉晴訳：境界パーソナリティ障害

その臨床病理と治療．岩崎学術出版社，東京，1988）
2) 岩崎徹也：かのようなパーソナリティ．加藤正明他編：精神医学事典．弘文堂，東京，1975．
3) Grinker, R. R., Werble, B., Drye, R. C.：The Borderline Syndrome. Basic Book, New York, 1968.
4) 小此木啓吾：ボーダーライン・カップル．境界パーソナリティ障害．精神医学レビュー No.20，ライフ・サイエンス，1996．
5) 神田橋條治：精神療法面接のコツ．岩崎学術出版社，東京，1990．

第8章
性格の型を特定するための面接の方法

　初診の診察では，通常，患者の訴えること，つまり，愁訴についてそれをすべて拾い上げることから診察は始まる。この時，言いたいことのすべてを，患者が自由に語りつくせるよう，治療者はできる限り，患者の話に言葉を差しはさまないよう，ひたすら傾聴をする。あくまで治療者は，受動的な話の聴き手となるべきであると考える。この愁訴が一通り患者から語られた後に，その愁訴，つまり，患者の症状や問題の具体的な内容を明らかにしていくといった，治療者からの能動的な作業が始まる。つまり"いつ頃から"，"どのような状況で"，"どのようなことがきっかけや原因で"，その症状や問題が起こったのか，それらが詳らかに理解ができるように，治療者から患者に質問を投げかける。最終的には，愁訴にまつわるさまざまな事柄が"互いに結び合い"，1つのまとまりとなって，あたかも，1つの物語りや1枚の絵のように，描き出されるようになることが必要である。そうすることで，愁訴の具体的なありようや愁訴の成り立ちを，治療者が簡明に理解することができるだけでなく，それを患者に伝えることで，患者も自らの症状や問題のありようがすっきりと見えるようになる。

　患者の訴える症状や問題のありようを理解することができれば，おおよそ，疾病の診断名というものが明らかになってくる。つまり，DSM-Ⅳ-TR や ICD-10 によって分類されているような障害の，どれに当てはまるのかを決める作業である。先に述べたように，性格類型と疾患（障害）にはある程度

の関連性があるわけだから，暫定的であれ，診断が決まることで，患者がどのような性格の型なのかを推測することも可能となる。

その後,「ところで,話は変わりますが……」といった前置きを述べた上で,「(あなたは) 自分の性格は，どのような性格だと思いますか」と，患者の性格についてたずねてみる。つまり，いきなり治療者側から性格の型の特徴を巡って質問していくのではなく，まずは，自らの性格がどのようなものか，患者に自由に語ってもらうことから始める。ある患者は，自分の性格について，たとえば，"神経質"とか"几帳面"とか"正直"とかと述べるかもしれない。このような性格についての言及に対して，次には"神経質"というのは，どういうものかについて，その具体的な中身を問うていく。そのように問うことで，たとえば,「汚れが気になって，何度も掃除をすること」とか,「人の言葉を気にする」とか，"神経質"の具体的な中身を説明してくれるよう促してみる。患者からのその説明を聞くことにより，患者の性格の型を特定するための手掛かりを得ることができる。

患者の症状や徴候や問題，疾患名，患者自身から述べられた自らの性格をもとにして，患者の性格の型についての，大方の"当たり"をつけた上で，その性格の型の特徴について，その特徴を患者が有しているか否かを明らかにするための質問を次々に行っていく。ヒステリー型であれば，"基準"があるのか，"ちゃんと"やらないと気が済まないのか，"予定通り"に行動しないと気が済まないのか，面倒見はいいのか，人に気を遣うのか，などなどについて問うていく。強迫型であれば，気が小さいのか，新しいことを始めるときは慎重なのか，仕事や戸締りなどでの強迫確認があるのか，人からの反感を買うことは避けたいのか，虫嫌いがあるのかなど，1つ1つ，強迫型の特徴を挙げ，それに該当するのか否かをたずねていく。

その性格の特徴にすべてが一致することはまれで，おおよそ6～7割が該当すればその性格の型であると特定できると考える。

もちろん，初診の段階で，100％患者の性格の型を適切に特定できるとは限らない。たとえば，特定された性格の型に基づき，薬物療法を行った時，薬が有効に作用しない場合とか，治療の経過中に初診時にはなかった新しい症状が現れた時には，初診時に特定した性格の型が適切でなかった可能性が生じてくる。この場合，あらためて性格の型を再吟味するための作業が必要となり，場合によっては，性格の型が修正される可能性がある。

　ところで，性格を聞いた時，疾患の症状を反映した答えが戻ってくる場合がある。たとえば，抑うつ状態の人たちの場合，それは，「ものごとをネガティブに考える」とか，「心配性」とかいったものである。このような人たちには，症状がなく普通の生活をしていた時の性格を聞くことが必要となる。

　また，すでに述べたが，人の性格は"構造的に決定された"もの，つまり，遺伝的な影響を受け，脳の構造（ニューロンのネットワーク）に規定されたものであると考えられる。だが，同時に環境からの刺激により，長い間にはその構造にも変化が生じる。つまり，まわりから指摘されたり自ら気づくことで，性格，すなわち，その人のものの考えや行動は変わってくと考えられる。したがって，特に中高年の人たちに性格をたずねる時は，今の性格ではなく，若い頃の性格を聞く方が本来の性格がより明らかになる場合もあると考えられ。性格を聞く時，たとえば，「20代，30代の頃はどうでしたか」とたずねてみることも必要となる。次に事例を示す。

【事例A】　70歳代前半，女性，身体表現性障害

　腰椎ヘルニアの手術をすることが決まったX年8月頃から，動悸と不眠が始まり，かかりつけの内科医から軽い抗不安剤と睡眠導入剤を処方される。その直後に，1度目の手術が行われ，術後の経過は順調であったが，その後も動悸と不眠は改善をせず，その内科医の紹介で，X年10月に当院を受診する。動悸については，家にいる時は何ともないが，リハビリや受診や買物

のために外出する前とか，待合室で待っている時とか，夕方で一人の時に「ドキドキする」と述べている。また，テレビで心が暗くなるようなものは観たくないとのことであった。

やや抑うつ的な印象もあるものの，主な症状は動悸であり，身体表現性障害と診断される病態と考えられた。また，手術といった精神的なストレスが症状の起こるきっかけと考えられることから，性格の型としてはヒステリー型が最も可能性が高いと思われた。

診察の後半で性格についての質問を行った。

治療者（Th）：ところで，Aさんは，自分の性格をどのような性格だと思いますか。

患者（Pt）：……。長い間，店員で働いていましたが，人との関係は大事にしてトラブルはないです。近所の人でも，相手が一人の時は仲よく話しますが，みんなでワイワイ話す時は，それが人の悪口になるのが嫌で……。悪口になったら大変だと思うので……（それは）怖いです。心配性なんです，何でも心配で心配で……。

（ここで，対人関係でこじれることが心配で，まわりの人たちに対してかなり気を遣っていることがうかがわれる。）

Th：日常生活の中で，"～した方がいい"，"～あるべきだ"，"～すべきだ"，"～が正しい"など，自分なりの考え，意見，基準というものをもっている方ですか。

Pt：もっていると思います。

Th：他人に対して自分の意見を言って揉めそうならば言わないですか，揉めても言いますか。

Pt：人には絶対言わないです。

Th：人に対して気を遣うところはありますか。

Pt：ええ。下手に気を遣うんです。相手はそんなに思ってないのに……。
Th：気を遣うのは，人に嫌われたくないからですか？
Pt：（嫌われても）構わないと思っていますが，なるべく人に悪い印象を与えないよう気を遣います。
Th：自分がこだわっていることに対しては，きちんとしないと気が済まないところはありますか。
Pt：あったんです，今までは。ある程度，きちんとしておかないと……。汚いのは嫌なんです。
Th：きれば完璧にしたいと思いますか。
Pt：そこまではいかなくても……。普通並みに。
Th：汚いのは気になりますか。
Pt：気になりますが，今は，炊事だけで精一杯で，手が回らないので，歯がゆいです。
Th：思うように動けないので，歯がゆいのですか。
Pt：そうです。今は，ドキドキするので自転車にも乗れないので……。
Th：職場では，新人や後輩に対しては，仕事を教えたり，やってあげたりする方ですか。
Pt：職場では先輩がいたので，自分からでしゃばることはなかったです。
Th：どちらかと言うと，子育ては楽しかったですか，それとも負担に感じましたか。
Pt：楽しくはなかったですね。自分の子は思うようにいかないところがありましたから。（子どもに）勉強させるのをあきらめてからは，楽になりましたが……。
（子どもを自分の思うようにコントロールしようとする傾向があり，でも，結果的にそれがうまくいかなかったことがうかがわれる。）
Th：自分と人とを比較するところはありますか。

Pt：昔はあったと思います。
Th：人に対する劣等感はありましたか。
Pt：劣等感の塊だったかもしれないです。子育ての時は……。

　以上，自分なりの"基準"があること，"きちんと"しないと気が済まないこと，人に気を遣うこと，人と比較すること，人をコントロールしようとすることなどがあり，性格としてはヒステリー型性格が強く疑われた。このため，多少抑うつ的な傾向もあり，薬は，スルピリド50mg，クロチアゼパム5mgを1日3回，毎食後に処方する。
　その1週間後に再び来院するが，外出前の動悸はなくなったとのことであった。だか，まだ，殺人の場面があるようなテレビ番組は観られないとのことであった。当院受診前から，不眠があり，継続的にゾルピデム5mgを就寝前に服用していたが，依存的になることを避けるため，不眠に対して，クロールプロマジン12.5mgとクロキサゾラム1mgを就寝2時間前に処方する。その2週間後の受診の時には，就寝2時間前の薬だけで眠れていると述べている。

【事例B】　60歳代後半，女性，軽症うつ病
　この女性は10年前に"軽症うつ病"の診断で，当院に半年間通院をした履歴がある。
　当院受診の2カ月前から，"胸がむかむかする"，"頭の後ろが鉛を背負った感じ"といった症状が現れたために内科を受診し，エチゾラムを処方されている。それで，一時的に症状は緩和されたが，インフルエンザに罹患した後から，"朝起きられない"，"1日をごろごろして過ごす"，"食欲がない"，"頭がごちゃごちゃする"，"悪い方にものごとを考え，取り越し苦労をする"，"不安になり動悸がする"，"人に会うのが嫌"，"食事も作れず，買い物にも行け

ない"などの不安・抑うつ症状が認められた。原因やきっかけについての"心当たり"を治療者がたずねたところ，家族に関する心配事や孤独感を挙げた。

　症候論的には抑うつ症状があり，ただ，診察場面ではむしろ能弁・多弁気味で，抑うつの淵に深く沈んでるといった様子は見られない。どちらかというと，抑うつとしては軽症の水準にあると考えられる。また，抑うつ症状の背景には，悩みや葛藤など，精神的なストレスの存在が疑われる。これらのことから，この時点でこの患者はヒステリー型性格に該当する可能性が高いと治療者は考えた。

　治療者（Th）：ところで，話は変わりますが，Bさんは，自分の性格は，どんな性格だと思いますか。
　患者（Pt）：気になるタイプ……。考えちゃうんです。"なるようにしかならない"と言われているんですが。
　（この性格についての説明は，現在の抑うつ状態を反映しているのかもしれない。）
　人に気を遣うというのは……。
　（"人に気を遣う"といったヒステリー型の人の性格特性が述べられたので，それを明らかにするため，すぐに質問をする。）
　Th："人に気を遣う"というのは，"人に嫌われたくない"からですか。
　Pt：……ではなくて。人からプレゼントをもらったら，それなりにお返しをしたいという……。
　Th：相手からどう思われるか気にする？
　Pt：……（そう）です。それは礼儀というか……。
　Th：人間関係をギクシャクしたくない？
　Pt：……そう言えば（そうですが）……。自分のことを考えてはいないです……。

(ここでは，ヒステリー型の人たちにありがちな，自らの内面を深く顧みてない，内省力に欠けるような傾向も疑われる。)

Th："こうすべき" とか，"こうあるべき" とか，ものごとに対しての自分の考えというか，意見というか，そのような基準は，"自分なりには" 持っていると思いますか。

Pt：持ってないかもしれない……。人に言われると付いていく方かもしれない。考えはあるが，あまり言わない……。

Th：言って揉めたくない？

Pt：そうです。言って，（相手に）逆に言い返されて……"押しつけている" と。

(家族などのまわりの人からは，押しつけている，つまり，自分の考えを相手に受け入れさせようとしていると，指摘されたことがある。)

Th：押しつけている？

Pt：（いえ）ほったらかしです！

("押しつけがましい" とまわりに批判されているためか，それを否認しようしているように思われる。最初から干渉をしないのではなく，干渉をはねつけられた結果，相手に手が出せないでいるというのが実情かもしれない。これは，ヒステリー型性格の "防衛的な傾向" からくるものと思われる。)

言ったら寄りつかなくなって。（一緒に）住んだらいざこざになると思うが……親子だって。「一緒に住まないか」と，他の人に頼んで聞いてもらったら断られて。

(明らかに，人を使い相手をコントロールしようとする傾向がうかがわれる。)

Th：自分がこだわっていることに関しては，きちんとやらないと気が済まないところはありますか。

Pt：へんなところであります。(ただ)いい加減なところも……。

Th：できれば完璧にやりたい？

Pt：ではないが……。転勤が多かったので，いろんなところを回る。(それで)水回りはきちんとしなきゃと思っているんですが。

Th：きちんとできた時，達成感はありますか。

Pt：……ですね。

Th：一日の予定を決めて，そのスケジュール通りに行動しないと気が済まないところはありますか。

Pt：あります。今日は友だちのところに行ってとか。

Th："予定通り"だと，気分的にすっきりしますか。

Pt：そうですね。

Th：後輩などの面倒を見る方でしたか。

Pt：見てました。働き始めて，最初は契約社員でしたが，新入社員が入ってきた時は，面倒を見てました。

以上の性格を巡ってのやり取りを通じて，以下のことが明らかになった。第1に，気を遣う傾向があるが，本人にとっては"世間並みの気遣い"と言った認識であり，"人に悪く思われたくない"，"嫌われたくない"といった心理が根底にあることについては自覚的ではない。第2に，自分なりの"基準"があることを当初否定するような言い方であったが，結局，家族に対しては，自分の言い分を押し通そうとするようなところが認められ，"基準"はあると考えられる。ただ，それを言って揉めることは避けたいといった意識が強い。第3に，水回りに関しては，きちんとしてないと気が済まない傾向があり，それができれば，達成感もある。第4に，後輩の面倒は見る方である。第5に，相手を自分の思うようにコントロールしようとする傾向が認められる。第6として，防衛的な態度がうかがえる。以上から，ヒステリー

型性格である可能性がかなり高いと考えられた。

　初診時の段階で，診断としては軽症うつ病であり，性格的にはヒステリー型の可能性が強いと考えられるので，スルピリド 50mg，クロキサゾラム 1mg を毎食後，1 日 3 回処方をする。初診の 3 週間後の診察では，不安・抑うつ症状はまったく消失し，「大丈夫。良くなったみたい」と述べている。

【事例 C】　20 歳代後半，適応障害
　X − 5 年に会社に就職し，X − 1 年からは店舗のマネージャーとして働くようになる。数名のアルバイトを使う立場となったが，その多くは本人よりも年が上であるだけでなく，仕事の経験も長い人たちで，なかなか本人の思うように働いてくれないところもあり，その分，本人の仕事量が多く，常に残業をしていた状態であった。そのような状況で疲れ切っていた中，偶発的なものではあったが，X 年 2 月に，アルバイトのシフトに穴が開く事態が起こり，数日間店舗の運営ができなくなる。そのことを上司に強く叱責されたことをきっかけに，「緊張の糸がプツンと切れた感じ」となり，仕事に行けなくなってしまう。このため，X 年 2 月に精神科を受診し，そのまま自宅療養に入る。療養と治療を続けたが，結局，職場復帰ができず，X 年 10 月末に会社を退職することになる。当時，仕事を休んだ当初の疲弊感はすでになく，就職活動をしなければいけないと思うが，働くことへの怖さもあり，あまり意欲的にもなれない"宙ぶらりん"な状態で，傷病手当金を受給することを続けていた。そのような中で，X 年 12 月に当院を受診する。上司に叱責されたといった精神的なストレスがきっかけで，職場に行けなくなったといった経緯から，診断的には適応障害とした。障害の要因として，職場での精神的なストレスについて自ら語るところから，性格としては，回避型ではなく，ヒステリー型が疑われた。

治療者（Th）：Cさんの性格は，どのような性格だと思いますか。
患者（Pt）：よくわからないが，オフの時は明るめかな。すごくマイペースで，のんびり屋で急かされることに慣れていない。オフの時は，だらだらで大雑把です。
Th：日常生活の中で，"～した方がいい"，"～あるべきだ"，"～すべきだ"，"～が正しい"など，自分なりの考え，意見，基準というものをもっている方ですか。
Pt：微妙です。人の意見に振り回されて，（考えが）動くことも……。
Th：他人に自分の意見を言って揉めそうならば言わないですか，揉めても言いますか。
Pt：そうですね。大幅に（意見が）違ってなければ，（相手に）合わせてもいいと。明らかにおかしいことは，言わなきゃ駄目だと思いますが……。
Th：自分がこだわっていることに関しては，"きちん"とやらないと気が済まない傾向はありますか。
Pt：……ですね。こだわっているところでは。
Th：できれば完璧にやりたいと思いますか。
Pt：やりたいと思います。
Th：きちんとできた時，達成感はありましたか。
Pt：……2月からはないです。
Th：2月までは？
Pt：ありました。
Th：学生時代に部活等で，新人とか後輩に対して教えてあげたりやってあげたり面倒を見る方ですか。
Pt：見ないですね。（後輩とは）友達みたいになっちゃうので。
Th：人に気を遣うところはありますか。

Pt：私は遣っていますが，相手には届いてないことがあります。気の遣い方を間違ってしまい，その人の望んでないことをやってしまって……。
Th：嫌われたくないと思いますか。
Pt：嫌われたくないですね。
Th：小学，中学時代，いじめられた経験はありますか。
Pt：ありません。
Th：仕事でも，プライベートでも，前もって予定を決め，そのスケジュール通りに行動する傾向はありますか。
Pt：あります。直前で考えるのは大嫌いです。

　基本的には自分なりの"基準"があると考えられ，"きちんと"やらないと気が済まない傾向があり，人に気を遣うところもあり，予定通りに行動するところがあり，病歴からは，上司の叱責といった外傷体験により心が折れたようなところもあることから，ヒステリー型性格が疑われる。
　治療においては，治療者は，「いたずらに療養を続けるのは治療的ではなく，再び，仕事に就いて，仕事への自信を取り戻すことが大切である」と，社会復帰を促すとともに，パーフェナジン 2mg を朝食後に，ロフラゼプ酸エチル 1mg を就寝前に処方する。
　1週間後に来院するが，「以前は，テンションの上がる時と，イライラする時があり，疲れやすかった」が，「一定で，動けるようになった」とのことである。また，薬をのんでからは「若干，元気」で，「無駄に部屋をかたずけている」とも述べた。X 年 12 月までは傷病手当金の請求を行ったが，X＋1 年 1 月には失業手当の申請を行い，元気に就職活動を行っている。友人や就職支援の人たちと話していると楽しいと述べていた。

【事例D】 20歳代後半，男性，広場恐怖

　X－5年頃，就職活動中に動悸や嘔気が出現するが，就職の内定が決まるとそれらの症状は消失をする。

　X－4年7月頃から，通勤の電車内でめまいや嘔気が出現するようになる。この当時は，なんとか耐えて電車に乗っていたが，X－3年春頃，身内が亡くなったことをきっかけに，めまいや嘔気が強まり，このため，職場の診療所を受診する。そこでパニック障害と診断された上，ブロマゼパムが処方されるが，それを服用することで症状は一時改善をする。ただ，X－3年秋に，部署内の人間関係がうまくいかなくなったことをきっかけに，症状が悪化し，この時は，薬をエチゾラムに切り替えている。乗り物の中以外に，映画館，エレベーターなどの閉鎖空間でも症状が起こるようになり，エチゾラムの服用量は次第に増えていった。

　通勤の負担や人間関係の軋轢による精神的なストレスを軽減するため，職場の上司に異動の希望を出したところ，それが受け入れられ，X－2年4月から自宅近くの営業所に異動させてもらうこととなる。ただ，次第にエチゾラムの服用量が増加し，用量の上限に達したため，漢方薬を服用するようになり，その後，嘔気は軽減をする。また，新しく通院するようになった精神科のクリニックで処方されたスルピリドとクロナゼパムを服用すると，劇的に症状は改善されたとのことであった。

　その後，再び転勤となり，通勤の負担を軽くするため，職場近くに引っ越すが，それに伴いX年6月に当院を受診する。受診時，身体症状は軽快しているものの，乗り物を始めとする閉鎖的空間は回避されたままの状態であった。

　以上のことから，診断的にはパニック発作を伴ったパニック障害というよりも，広場恐怖であると考えられるため，性格類型としては強迫型の可能性を否定できないと考えられた。

治療者（Th）：ところで，話は変わりますが，Dさんは，自分の性格は，どんな性格だと思いますか。

患者（Pt）："きっちり"したくなるタイプです。（血液型は）O型なんですが，A型と言われます。上司からは，完璧主義者だろうと……。企画書や報告書がなかなか書けない。（上司からは）「適当に」と言われるが……。まわりからは，「真面目」と言われます。

Th：書類を書き上げた時に，達成感はありますか。

Pt：完璧にやっても穴が見つかるので，「これじゃあ，だめ」と何度も書き直し，なかなか出せなくて，仕事が進まない。未だ出していない書類もあります。

Th：書類を細かくチェックする訳ですか。

Pt：チェックします。（学生時代には）ずっと部活をやっていたのですが，練習でうまくできないことがあると，自ら辞退して試合には出ません。みんなは試合に出たいと思うのでしょうが。

（おなじく完璧を目指すことでは類似しているが，ヒステリー型のそれとは異なり，"失敗をしないようにするための完璧さ"であるため，この時点で強迫型の性格傾向に該当すると考えた。）

Th：あなたの性格の中で，気が小さいところはありますか。

Pt：すごく気が小さいと思います。

Th：たとえば，どんなところですか。

Pt：人見知りするとか。人前で話すのが辛いです。プレゼンで発表する前の日は寝れません。何とか落ち着こうと思うのですが，前に人がいると「わっ」ってなって……。話し出せば，大丈夫ですが。

Th：新しいものごとを始める時，とりあえずやってみるのか，よく考えたり，調べたりして始めるのか，どちらですか。

Pt：その時によります。趣味とかでは，ぱっと始めちゃいますが，仕事と

か，自分の根幹にかかわっていることは慎重です。以前の資料とかを確認した上でやって……。
Th：外出する時に，戸締りとかガス栓の確認をしますか。
Pt：少しします，必ず，確認を。たまに，1回戻ったりします。
Th：人から反感を買わないように気をつけますか。
Pt：時と場合によります。普通は気を遣いますが，1回，事を構えると譲りません。
Th：部屋に小さな虫がいたら放っておきますか，つまみ出すか殺すかしますか。
Pt：ハエとかの虫は好きではないので，絶対出したいです。

　第1に，失敗をしないために完璧主義であること。仕事に対しては，あまりに慎重すぎて，仕事が遅れがちであること。第2に，"気の小ささ"に対して肯定をしたこと。第3に，戸締りなどの確認が見られること。第4に，できれば，人から怒りや反感を買うことは避けたいこと。第5に，虫嫌いであること。以上のことから，強迫型性格の可能性が強いと考え，嘔気といった身体症状が出やすい傾向はあったが，フルボキサミンを1日量50mgを処方する。実際，4日間はひどい吐気があり，食欲も低下したと述べたが，1週間，薬は飲み続ける。その後，嘔気を抑える目的でパーフェナジンを2mg追加して経過を見る。だが，悪心・嘔気は治まらず，以前の処方（スルピリドとクロナゼパム）に戻す。

【事例E】　50歳代後半，男性，軽症うつ病
　事例は事務系の会社員で，X－3年に管理職に就任する。それまでと異なり，管理職のため，率先して仕事で動くことはなく，もっぱら部下が働くのを待っている状態であった。部下を評価することが主な仕事となり，仕事に

対するやりがいのなさを感じていた。X年1月初旬頃から，朝，憂うつな気分で，また，何をする気も起きなくなり，仕事に出るのが嫌になる。一時は，無理に仕事に行っていたが動悸がひどく，次第に，「仕事に出たくない」，「仕事を辞めたい」といった気持ちが強まり，仕事を休むようになる。自分で"うつ"ではないかと考え，診断を求めたいとのことで，1月下旬当院を受診する。

　症候論的，診断的には，軽度のうつ病と考えられる。抑うつ状態のため，自ら仕事を休んではいるが，「仕事を辞めたい」といった潔さ，責任感の強さもあり，回避型性格をもつ人たちの適応障害というより，古典的うつの可能性が高いと考えられた。メランコリー親和性うつ病の発症の状況因として，"引越し"がもっとも有名だが，"昇進"もその1つとされている。昇進に伴う，やりがい感の喪失がうつ病の状況因となる場合である。

　診察の最後に，本人の性格についてたずねた。

治療者（Th）：ところで，Eさんの性格はどんな性格だと思いますか。
患者（Pt）：割と真面目で，几帳面な方です。仕事上は人に厳しいところがあったのか言い方もきついところがあったようで……。
Th："真面目"というのは，具体的にはどんなところですか。
Pt：仕事の成果や目標に対してしっかり取り組むというのか……。その面では，真面目に取り組んできたと思います。
Th："几帳面"というのは，どんなところですか。
Pt：段階を追って整理して積み上げることで，課題を解決します。
　（達成感を求めての完璧主義というよりも，間違いがないように完璧を目指す強迫型性格の傾向かもしれない。）
Th："人に厳しい"というのは，どんなことですか。
Pt：（部下に対して）それなりの成果を求めるところです。
Th：そのために，部下に対して叱責や罵倒もすることはありますか。

Pt：それまでは，いかないです。「早くやれ」とは言いますが……。
Th：怒鳴ることはないですか。
Pt：怒鳴ることはないです。
Th：Eさんの性格の中に，"気の小さい"ところはありますか。
Pt：あります。結構，人見知りするところもあって，上の方に説明する時，緊張します。あと，人前で緊張して，しどろもどろになるところがあって……。
Th：人前で，あがりやすいのですか。
Pt：そうです。
　（社交恐怖の傾向がうかがわれる。）
Th：何かものごとを始める時は，とりあえずやってみる方ですか。よく考えたり，調べたりしてから始めますか。
Pt：ちょっとやってみる方なのでは……。
Th：仕事の面でもそうですか。
Pt：仕事では，いろいろ調べ，自分の中の構想を作ってから始めます。
Th：書類を出す場合，間違いがないか何度か確認をして提出する方ですか，簡単に見るだけ提出してしまいますか。
Pt：確認してから出す方です。
Th：何度も確認をしますか。
Pt：（何度もではなく）途中でいいやと思います。
Th：家を出る時，戸締りとか，火の元の確認をしますか。
Pt：指さし確認みたいなことをやってます。年に1，2回は，心配で途中で戻ることがあります。
Th：自分の生き方やあり方についての理想みたいなものはありますか。
Pt：それなりにありますが……。
Th：一種のこだわりのようなものですか。

Pt：……。しっかり"こうすべきだ"といったイメージがでれば，こだわります。

Th：人から反感や怒りを買うことは，避けたい方ですか。

Pt：できれば避けたいです。正当性があれば主張しますが‥‥。「是非にでもこっちでなければ」ということでなければ譲る方です。

Th：部屋に小さな虫がいた場合，放っておきますか，つまみ出すか殺したりしますか。

Pt：ゴキブリなんかは叩き潰しますが，クモなんかは潰さず外に出したり放っておいたりしますね。

　以上のやりとりから，気が小さいことを肯定したこと，人前であがる傾向があること，仕事で新しいことを始める時には慎重であること，ミスのないよう，比較的書類等は確認をすること，戸締り等も確認傾向があること，自分のあり方に対してこだわりがあること，多少虫嫌いの傾向があることなどから，強迫型性格が疑われた。

　薬は，セルトラリン25mgを夕食後に，職場での精神的な負担や不安・緊張があったことから，スルピリド50mg，クロチアゼパム5mgを1日3回，毎食後に，中途覚醒が見られたためクエチアピン12.5mgを就寝2時間前に処方した。ほぼ1週間後に来院するが，抑うつ気分に改善が認められ，「仕事に行きたくない」，「仕事を辞めたい」といった気持ちもなくなり，仕事にも復帰しているとのことであった。その後も通院を続けているが，経過も良好である。

【事例F】　20歳代後半，男性，適応障害

　治療者との初対面の場面では，やや緊張が見られる。診察での本人の話は，次の通りである。

受診の半年前位に転職をする。数カ月前に上司からの引き継ぎで，ある顧客の担当となるが，それからは仕事が忙しくなり休む暇もないので，日に日に体がだるくなっていたとのことである。受診の前日に，顧客の担当者に対する商品の説明会に出席することになるが，顧客の質問に答えられないことがあった時，"頭が真っ白"になったとのことである。その時，すぐに答えられないことについて顧客からきつく追求された上，上司からは「準備不足」と言われたことで，その後，めまいや吐気が起こったため，自ら当院を受診する。会社の先輩たちからも，仕事について「事前に聞け聞け！」，「何で聞かないのか」と言われているが，迷惑をかけると思うと聞けないとのことであった。

　ここまでのところで"打たれ弱い"傾向があり，また，仕事のことでなかなか人に相談できず，結局行き詰っていること，その精神的なストレスから身体症状が起こっていることから，回避型性格の可能性が高いと考えられた。

治療者（Th）：ところで話は変わりますが，Fさんは自分の性格をどんな性格だと思いますか。
患者（Pt）：そうですね。プライベートでは割に社交的なんですが，仕事では硬く真面目に考える方です。
Th："社交的"って，具体的に言うとどんなことですか。
Pt：お酒飲みに行く時は自分が中心になってしゃべったりすることが……。
Th："硬く真面目"って？
Pt：こんな質疑をする時も自分の中で，100％確証をもってないと答えられないのが……。曖昧なことに関してはしどろもどろ。
Th：臨機応変ではない？
Pt：ないです。

Th：真面目すぎて不器用なところはありますか。

Pt：……ですね。人がかかわると，説明会とか知らない人がいると緊張します。

Th：対人緊張は強い方ですか。

Pt：プライベートだとしゃべれるけど……。

Th：初めての人でも？

Pt：ですね。

Th：仕事の場面では緊張しますか。

Pt：プライベートでは，確証がなくてもその場の感じでしゃべれます。仕事では，確証がないと……。

Th：いい加減なことは言えないということ？

Pt：ですね。

Th：ところで，大勢のあまり知らない人たちと遊ぶ方がいいですか，それとも，仲のいい人たちだけと遊ぶ方がいいですか？

Pt：友だちとだけの方がいいです，ずっと遊ぶとなったら。仲のいい人たちの方が楽で……。初めての人も緊張しない人もいますが。

Th：このことで相談はしてますか。

Pt：アドバイス的なことですが，先輩が「もっと聞け」と。「聞いてわかることを聞かなくてわからないのはお前が悪い」と。聞ける状態にあるので，聞かないのは自分の責任で……。

Th：まわりに相談しようとせず，自分で解決しようとする？

Pt：自分で考えてわからなければ，人に聞く……。

Th：自分に自信がありますか。

Pt：まったくないです。コンプレックスの塊です。仕事ができなくて情けないといった気持ちが……。

Th：そこはまわりには見せない？

Pt：見せないです。
Th：愚痴といった形で困っていることを人に話すことはありますか。
Pt：「てんてこ舞いで」くらいは話すが，真剣に「できない」というのは……。人には言いたくない。話せない。
Th：身近な人であれば愚痴は言えますか。
Pt：仕事がきついとは言うんですが……。
Th：うまくいってないとは言えない？
Pt：言えないです。
Th：顧客からきつい調子で言われたことはありますか。
Pt：いつ，どこでクレームが入るかわからないし……。メールで入ったことはあります。
Th：顧客からきついこと……。
Pt：1回だけあります。
Th：きつい調子で言われることに弱い？
Pt：弱いです。

　第1に"打たれ弱い"傾向があること。第2に，批判や非難に対して脆く，耐性が乏しいこと。第3に，仕事の場面などでの対人緊張が高いこと。治療者との初対面の場面でもやや緊張を見せる。第4に，基本的には，仲のいい人たちと遊ぶのが楽であること。第5に，困ったことがあってもなかなか相談できず，わからないことがあってもなかなか人に聞けないこと。体面を気にして，"ええ格好しい"の傾向があると考えられる。第6に，自分に自信がないと認めたこと。以上のことから，回避型性格の可能性が高いと考えられる。
　「わからないことは聞くように」と助言するとともに，不安や身体症状があるため，スルピリド50mg，タンドスピロン10mgを1日3回，毎食後に

処方して，経過を見ることにした。

【事例G】 20歳代後半，女性，パニック障害

X−3年から勤めている職場で，従業員に対していじめ的な発言をする上司がいたとのことである。その上司よりも職位が上の人に訴えるが受け入れられなかったため，本人も含めた従業員たちはそれに耐えて頑張ったり，また，店からは「上を目指せ」など圧力をかけられたりで，精神的なストレスに曝されていた。

X年1月に，旅行中の夜中，突然，不安と動悸に襲われ，「どうにかなるのではないか」といった恐怖に曝される。その不安を鎮めるため，本人は朝まで母親と電話をつないだままの状態にしていたとのことである。その後も，動悸や頭がくらくらするようなめまいが時々起こり，症状のひどい時は，何をするのも不安で横になって過ごしていた。さらに，「また発作が起こるのではないか」といった不安も続いていた。いくつか先の駅まで1人で電車に乗っていたが，その間も不安なままであった。そのような状態が続き，日常生活にも支障が見られたので，X年5月に，その仕事を辞める。どうすればいいのかと悶々と考えるが，それで気分が悪くなってしまうとのことで，思案の果て，X年6月に当院を受診する。

診断的には，パニック発作，予期不安，動悸等の身体症状が認められ，パニック障害が疑われた。

診察の後半で，本人の性格についてたずねてみた。

治療者（Th）：ところで，話は変わりますが，Gさんは，自分の性格はどのようなものだと思いますか。

患者（Pt）：割と人前で本当の自分は出せない方で，引っ込み思案だと思います。本当は，人とかかわるのが好きな方ですが，なかなかその中で

自分が出せない。引っ込み思案な割には，我が強い方です。自分の思いが強い。

（「我が強い」といった発言に注目をして，ヒステリー型性格を疑う。）

Th：ところで，ものごとに対して，〜すべきとか，〜あるべきなど，自分なりの意見や基準がありますか。

Pt：あります。……割と人に流されやすいのですが，自分の好きなこと，好きなものに対しては，あります。

（ここで，ものごとに対するこだわりはなく，自分のあり方に対するこだわりがあるのかとも考え，次に，強迫型性格を疑ってみる。）

Th：ところで，自分のあり方や生き方に対する理想みたいにものがあって，そのことで頑固なところはありますか。

Pt：……そうです。

Th：あなたの性格で気が小さいところはありますか。

Pt：……。大勢の人の中で話すのが苦手です。一対一で話すのが好きです。

Th：新しいことを始める時，とりあえず始めてみますか，よく考えたり，調べたりしてから始めますか。

Pt：あまり考えないで，行っちゃったりします。

Th：家を出る時，戸締りとかの確認をしますか。

Pt：しないですね。

Th：部屋に小さな虫がいると，放っておきますか，それとも，摘んで出すか殺すか，しますか。

Pt：放っておきます。

（強迫型性格にも該当しないので，次にパニック型性格を疑い，質問を続ける。）

Th：自分の置かれた立場や与えられた役割には従順だと思いますか。

Pt：それはすごく強いと思います。

Th：人に期待されると一生懸命頑張るところはありますか。
Pt：あります。よく言われています，責任感が強いと。真面目だとよく言われます。
Th：人に対してきついことを言うことはありますか。
Pt：言わないし，言えないです。家族の中だと，割に言えますが。
Th：Gさんの性格の中で怖がりのところはありますか。
Pt：すごく怖がりです。夜道を1人で帰れないとか……。友達にも「怖がりだよね」と言われるんですが。十年前には，1人で夜眠れないというのがあったんですが。
Th：ホラー映画は観ますか。
Pt：嫌いです。
Th：サスペンスは観ますか。
Pt：番組にもよりますが，設定が興味あるものだと観ることがあります。

以上の質疑から，パニック型性格の可能性がかなり高いものと考えられた。このため，薬は，パロキセチン10mgを夕食後に，ロフラゼプ酸エチル1mgを朝食後に処方する。

1週間後に来院するが，「最初，薬をのむのが怖くて抵抗があったが，治りたいので信じてのんだ方がいいと思って」服薬をしたとのことであった。その後，「夕方から夜にかけて具合が悪くなるのではないか」といった不安は減少している。また，家族と一緒に高速道路を使って2時間かかる親戚の家まで車で遊びに行き，そこで1泊をしたとの報告がなされた。なお，薬による副作用は報告されていない。その後も，不安は少なくなり，友人と買い物で遠出をしたり，一緒に旅行にも行けたり，1人で電車に乗り通院したりするようになるなど，活動の範囲は徐々に広がりつつある。

第9章
Cloninger の性格理論

3つの性格因子と学習理論

　新生児室に並んで寝ている，生まれたばかりの赤ちゃんを多少でも観察したことのあるような人ならば，メンタルな面での，赤ちゃんのもつ個性のようなものを容易に想定することができるのではないだろうか。つまり，泣いてばかりだったり，盛んに体を動かしていたり，おとなしくじっと動かないままだったり，眠ってばかりだったりする，さまざまな赤ちゃんがいて，赤ちゃんの個性が白紙のままで生まれてくるとは，むしろ，考えにくいように思える。赤ちゃんの，このような個性の背景には，何らかの遺伝子の働きがあると想像するのは自然な流れであると思う。この性格特性に関する遺伝子の関与を示唆する論文が，10年位前から発表され，注目を浴びている。

　その前に，それらの論文の先駆けとなった，生物・心理・社会的な観点からの，気質や性格について新たな提案を行ったCloningerの3つの論文に基づき，彼の理論について述べてみたい[1,2,3]。ここでは，Cloninger自身の論文だけでなく，それを紹介している，日本人による論文を参考にしながら，説明を進めてみたい[4,5,6]。

　性格の研究をする時，2通りのやり方があるとされている。1つは，特定の類似した性格特性を持った一群の人たちをひとまとめにして，それらに名前を付けるといったもので，それは"類型"と呼ばれる方法論である。

Kretschmer の体質と性格についての類型や，筆者の性格類型といったものがこれに属すると考えられる。もう1つは，性格特性の中で複数の，ある"性格因子"を選び出し，それらの因子を組み合わせることで，1人の人間の性格を理解していくといった方法論である。この場合，それらの因子は，他の因子とは重複することのない，それぞれ独立したものでなければならない。たとえば，Eysenck らは，遺伝研究を通して，神経症傾向 vs 安定性，外向性 vs 内向性といった次元軸をもつ性格因子があることを明らかにした。ここに述べる Cloninger も，同様に複数の性格因子を選び出すといった方法論で性格研究を行っている。

　当初，彼が選び出した性格の因子は3つで，それらは，"新奇追求（novel seeking）"，"危害回避（damage avoidance）"，"報酬依存（reward dependence）"である。ちなみに，"当初"と述べたが，後の論文で Cloninger は，それらの因子を"気質（temparament）"という用語にあらため，さらにもう1つの因子を付け加えている。ここでは，まず，当初の3つの性格因子について説明する。

　まず，どのようにしてこのような因子が生まれたかということについて最初に述べる。

　Cloninger の性格理論は，行動主義的な心理学である"学習理論"に基づいたものである。学習理論は，ブラックボックスであるような精神内界ではなく，観察できる行動を研究対象としたもので，たとえば，オペラント条件付けのように，何らかの刺激（報酬）に対して何らかの反応（行動）が起こるといった目に見える現象を基本的に扱っている。3つの性格因子を見ると，2つの言葉が組み合わされて作られた用語であることに気づくと思う。たとえば，"新奇"と"追求"，"危害"と"回避"，"報酬"と"依存"といった言葉が組み合わされているが，これらの組み合わせは，実は，学習理論で使われる"刺激"と"反応"が組み合わされたことで作られた用語なのである。

つまり，新奇追求とは，新奇さといった刺激に対して追求するといった行動をとる傾向という意味であり，危害回避とは，危害という刺激に対して回避するといった行動をとる傾向という意味であり，報酬依存とは，報酬といった刺激に対して依存するといった行動をとる傾向という意味である。そのように見ると，これらの用語の意味がかなりわかりやすくなったのではないだろうか。

さらにわかりやすくするために，木島[6]による，それらの因子についての解説を参考にしながら，若干，述べてみたい。

動物であれ，ヒトであれ，食物を摂取し続けないと生きていけない。その場合，同じ場所で食べ物を探すのでは十分な食べ物が得られないこともある。そのため，多少のリスクを冒してでも，新しいところに食べ物を求めて探索することが必要になることもあるだろう。新しい場所に食べ物があれば，その場所に行けば食べ物が得られると学習することが可能となり，その学習が個体の生存を助けてくれることになる。つまり，新奇なものに対して追求といった反応（行動）の特性をもつことは，個体の生存にとっての，ある種の有利さをもつことにつながるだろう。

他方，食べ物を探索する際には，天敵に出会うといったリスクもあるはずである。それをうまく避けることも，個体が生き続ける上では重要なことであるはずである。つまり，危害に対して回避といった反応特性をもつことも，個体が生き残る上では大切な戦略ということとなるはずである。

迷路の中のネズミが，試行錯誤の末に，どのように行けばエサにたどり着くことができるのかを知るプロセスのことは"学習"と呼ばれている。学習をすることで，ネズミは効率的にエサを得ることができる。学習心理学では，このエサのことを"報酬"と呼び，この報酬と特定の行動が結びつくことで，"学習"が成立することになる。そこで，報酬といった刺激に対して，それに依存しがちなネズミ，つまり，学習が成立しやすいネズミと，そうでない

ネズミがいることを Cloninger は想定した。報酬依存とは，報酬に固執する性格性向をもち，それにより学習が成立しやすくなる傾向のことを意味する。当然，学習ができれば，エサを効率的に得ることができるため，生存にとってはとても重要なことである。後にも述べるが，人間にとっての報酬は，物質的なものだけではなく，人とのふれ合いといった人間的な要素が含まれる。

Cloninger は，これらの因子を明らかにするための，Trimensional Personality Questionnaire（TPQ）と呼ぶ自己記入式質問法を考案している。彼は，これを用いて因子分析を行い，それぞれの因子が独立したものであること，また，双子研究や家族研究を通して，それぞれの因子が遺伝的に別々のものであることを明らかにした。

3つの性格因子と脳のシステム

Cloninger は，これらの性格因子が脳の働きやシステムと深く関連しているのではないかと仮定している。

彼は，"新奇追求" といった性格因子は，目新しいもの（novel）といった刺激を求めて，活動を強めていくような，"行動賦活（behavial activation）" と呼ばれる脳のシステムと関連していると推定している。この場合の刺激は新奇さだけではなく，報酬を得る可能性や，退屈さや処罰から逃れる可能性といったものも含まれる。

また，彼は，このシステムは，ドーパミン作動性ニューロンからなる神経活動によって機能しているものと想定している。

その根拠の第1は，ドーパミン作動性ニューロンのある部位での自己刺激（self-stimulation）の反応にある。自己刺激とは，脳のある部位に電極をとりつけ，ネズミがレバーを押すと電流が流れるように設定された条件づけの実験モデルであるが，その刺激がネズミに快感をもたらした場合には，ネズ

表6 刺激－反応の特性に影響を及ぼす3つの主要な脳システム

脳システム （関連する 性格次元）	主要なモノアミン 伝達物質	関連する刺激	行動反応
行動賦活 （新奇追求）	ドーパミン	新奇さ	探索的追求
		報酬の可能性	欲求的接近
		退屈や処罰からの解放の可能性	積極的な回避 逃避
行動抑制 （危害回避）	セロトニン	処罰や新奇さ，または，なかなか見返りがないことに対しての条件づけされたシグナル	消極的な回避 行動停止
行動維持 （報酬依存）	ノルエピネフリン	報酬や，処罰からの解放に対する条件づけされたシグナル	行動停止に対する抵抗（我慢）

ミはレバーを押し続けるように条件づけられるというものである。Cloningerは，ドーパミン作動性ニューロンの局在する部位での自己刺激によって条件づけされた動物では，運動が賦活（活発化）したり，行動を引き出すような正の強化が起こったりする一方，人では快感や満足感といった主観的な体験が報告されていると述べている。第2には，腹側被蓋や側坐核に，ドーパミンが枯渇するような病変が人に生じた場合，新しい環境の刺激に無関心になったり，自発的な活動や探索行動が減少したりすることがあると知られていると言う。第3には，アルコールや麻薬ばかりでなく，アンフェタミンやコカインのような，ドーパミン・アゴニスト（賦活剤）は，シナプスでのドーパミンの神経伝達を促進し，人の行動を賦活させるように働くこと，他方，ハロペリドールのようなドーパミン・ブロッカー（遮断薬）は，探索行動の減少や，快感欠如（anhedonia）や正の強化への感受性の減少をもたらすことである。第4には，脳内の中脳辺縁系におけるドーパミン作動性システムの損傷を引き起こすようなパーキンソン病の患者において，低い"新奇追求"の水準の場合と同様の性格特性が認められる[7]。

"危害回避"とは，天敵のような嫌悪刺激のサインに反応するといった行動をとる傾向で，その刺激により行動を"抑制（制止）"するといった脳のシステムに由来するものであるとCloningerは想定した。この場合，嫌悪刺激とは処罰や見知らぬもの（novel）や，報いられない無駄な状況のことである。

　彼は，また，この脳のシステムは，セロトニン作動性のニューロンによる神経活動によって機能しているとも推定する。

　その根拠の1つとしては，解剖学的には，この行動抑制系のシステムは，脳幹部にある縫線核（raphe nuclei）から，前頭皮質のみならず，中隔や海馬を含む辺縁系への上向性セロトニン作動性ニューロンの投射といった神経回路で作動していると想定されているが，Garyらは，中隔-海馬システムは，現実の出来事を前もってチェックし，予期できないことに出くわした時に，行動を抑制するような"調整器（comparator）"として機能していると考えていることを挙げている。

　もう1つの根拠としては，ベンゾジアゼピン系の薬物が回避行動を伴う条件づけを抑える作用をもつのは，側腹縫線核を起源とするセロトニン作動性ニューロンがβ-アミノ酪酸系のニューロンを抑制することによるといった知見について彼は述べている。

　"報酬依存"といった性格因子は，第1に，すでに述べたように，まわりの人たちの是認（social approval）や感傷や助けの求めなどの，言葉による"信号（signal）"という形の"報酬"に強く反応する傾向であるとされている。第2には，その因子は，報酬や処罰からの解放と関連していた行動をなかなか止めようとせず，それを維持する傾向であるとされている。ちなみに第2の部分は，後に"固執"（persistence）という独立した因子とされた。

　彼は，ノルアドレナリンがこの行動維持（behavial maintenance）システムの主要な神経伝達物質であり，新たな2つの連合（association）の学習や

記憶に重要な役割を演じていると考えている。また，解剖学的にはこのノルアドレナリン作動性のニューロンは，小脳の青斑核に始まり，扁桃体，中核，海馬を含む視床下部や辺縁系に投射され，新皮質全体に分枝されていると述べている。

それらの根拠としては，人では，a_2-シナプス前のアゴニストであるクロニジンを注射するとノルアドレナリンの放出が一時的に減少し，このため，2つのものの連合学習（条件づけによる学習のように，刺激間の関連性を学習すること），特に，新しい2つの組み合わせを学習することが障害されること，また，そのことは，コルサコフ健忘症候群の患者のように，青斑核に損傷を受けた場合にも同様であると述べている。

3つの性格因子による性格特性

"新奇追求"といった傾向がより高い水準（他の性格因子は普通水準）にあるような人たちとは，衝動的，探検好き，気が変わりやすい（気まぐれ），激しやすい，気が短い，無茶なことをしがち，騒々しいといった性格特性をもつ人たちである。彼（女）らは，新しい関心事や活動にすぐに飛びつくが，細かいことはあまり気にせず，すぐに関心を失い，飽きてしまいがちな人たちであるという。

対照的に"新奇追求"といった傾向がより低い水準の人たちは，新しい関心事になかなか取り組み始めず，細かいことに心が捕われがちであり，決断するのにかなりの熟慮が必要な人たちである。その典型的な性格特性は，思索的，頑固，忠実，禁欲的，気が長い，倹約家，規律正しい，我慢強い，といったものであるという。

"危害回避"といった傾向がより高い水準（他の性格因子は普通水準）にあるような人たちとは，用心深い，緊張が強い，心配症，怖がり，内気，易

疲労傾向，悲観的と形容されるような性格特性をもつ人たちである。逆に"危害回避"の傾向がより低い水準の人たちは，自信家，緊張がない，楽観的，のんき，自分を表現できる，社交性に富んだ，エネルギッシュといった性格特性をもつとされている。

"報酬依存"といった傾向がより高い水準（他の性格因子は普通水準）にあるような人たちは，人助けや他人を喜ばすことをしたがること，辛抱強さ，勤勉さ，肯定的に共鳴しがちで，感傷的な傾向といった性格特性をもち，まわりの空気や助けの求めに対して敏感ではあるが，ご褒美が見込めるとしてもすぐには喜ばないような人たちである。また，彼（女）らは，褒められることに対して非常に敏感である。先に述べたように，後の論文では，"報酬依存"の特徴の一部であった，「失敗や疲労にもかかわらず辛抱する」傾向が，第4の気質の因子として独立し，固執（persistence）と呼ばれることになる。上記の，辛抱強さ，勤勉さ，ご褒美が見込めるとしてもすぐには喜ばないような傾向の3つは，この"固執"による性格特性ということになり，その残りの特性が"報酬依存"によるものと考えられる。

Cloningerによると，その反対に，"報酬依存"の傾向がより低い水準にあるような人たちとは，社会とは距離をとる，冷淡，実際的，打たれ強い，選択する時に感情に惑わされないような人たちである。

気質と性格

すでに述べたように，Cloningerは，性格の3つの因子を同定したが，後に，新たに1つの因子を追加した上で，それらを"気質"（temparament）と呼ぶことを提案した。彼によると，「心理−生物学モデルにおいて，4つの気質の因子には，（視覚などの）知覚刺激に対する，自動的で，概念が形成される以前の（preconceptual）反応というものが含まれており，4つの因子は，

おそらくは知覚記憶システム（perceptual memory system）による情報処理に関しての，遺伝的，個人的な偏り（biases）を反映している」。また，彼は，その"知覚記憶システム"について次のように述べている。つまり，「無意識で潜在意識的な記憶，もしくは，手続き記憶（長期記憶の一種で技能や手続きやノウハウの保持にかかわる記憶）は意味が形成される以前の知覚処理を必要とするが，それらの知覚処理は，抽象概念的で意図的で叙述的な作用のあるものとは，まったく別に作動している」と。ちなみに，もう１つの記憶システムは，"概念"に基づいたもので，言葉やイメージやシンボルにより作動するような，意識的，意図的な性格をもつものである。このシステムは，彼の規定した３つの"性格"（character）の因子において機能すると彼は述べる。その因子とは，"自己概念"（self-concepts）に関する個人差に基づくもので，"自己方向づけ"（self-directedness），協調性（cooperativeness），自己超越（self-transcendence）であるが，その詳細については，本書の趣旨とは外れるので，省かせていただく。

　彼によると，概念的な情報は，解剖学的に言えば，皮質−辺縁−間脳システムで処理されるのに対して，無意識的な習慣の背後に存在する知覚記憶は，皮質−線条体システムで保持されており，それらのシステムは解剖学的に分離をしているとのことである。

　また彼は，そのような記憶システムを用いた"学習"について言えば，習慣などのオペラント条件づけのような連合学習には，ものごとについての知覚体験が必要とされるが，概念学習は意識的で，抽象的シンボルのようなものであり，そのシンボリックな交流は外界や行動を変容させることができるものであると述べている。

Cloninger の性格理論と筆者の性格類型との比較

　Cloninger は，新奇追求，危害回避，報酬依存といった性格の3つの因子のうち，2つの因子を取り上げ，その水準の高低を巡って，それぞれの組み合わせを行った。その結果，6つの性格特性の可能性が浮き彫りにされ，それらを2次性格群（second-order personalty cluster）と呼んでいる。次の表7にあるものが，それである。

　さらに，それらの6つの2次性格群の組み合わせを行うことで，8つの性格特性の可能性を描き出し，それを3次性格群（third-order personalty cluster）と名づけている。表8にあるものが，それである。それらは，DSM-Ⅳ-TR や ICD-10 などの，従来からあるパーソナリティ障害の診断名である。その中から，筆者の性格類型との比較を行うため，ヒステリー性性格と強迫性性格の2つの性格を取り上げてみたい。

　彼の定義によると，ヒステリー性（演技性）性格（histrionic personalty）とは，高い水準の"新奇追求"，低い水準の"危害回避"，高い水準の"報酬依存"といった行動パターンをとるような人たちの性格である。新奇追求が高い水準の人たちの性格傾向とは，すでに述べたように，衝動的，探検好き，気が変わりやすい（気まぐれ），激しやすい，気が短い，無茶なことをしがち，騒々しいといったようなものである。一方，危害回避の低い水準の人たちは，自信家，緊張がない，楽観的，のんき，自分を表現できる，社交性に富む，エネルギッシュといった性格特性を持つ。また，報酬依存の高い水準の人たちは，人助けや他人を喜ばそうとする，辛抱強い，勤勉，肯定的に共鳴しがち，感傷的，まわりの空気や助けの求めに対して敏感といった性格特性をもつ。

　これと筆者の性格類型の1つである，ヒステリー型性格との比較をしてみたい。

　まず，ヒステリー型性格の人たちは，強迫型性格の人たちと異なり，"積

表7 基本的な刺激−反応特性の組み合わせと関連する性格特性群

性格群	基本的な刺激−反応特性		
	新奇追求	危害回避	報酬依存
衝動的・攻撃的	高い	低い	
硬直的・我慢強い	低い	高い	
気分発揚的	低い	低い	
気分低下的	高い	高い	
実直な・権威主義的	低い		高い
日和見的・自由主義的	高い		低い
自己愛的	高い		高い
自己消去的	低い		低い
受動−回避的		高い	高い
反抗的		低い	低い
お人よしな・大胆な		低い	高い
疎隔的・臆病な		高い	低い

表8 従来の性格カテゴリーにおける基本的な刺激−反応の特徴

パーソナリティ障害	基本的な刺激−反応特性		
	新奇追求	危害回避	報酬依存
反社会性	高い	低い	低い
ヒステリー性	高い	低い	高い
受動−攻撃性	高い	高い	高い
衝動性	高い	高い	低い
強迫性	低い	高い	低い
分裂病質	低い	低い	低い
循環気質	低い	低い	高い
受動−依存性	低い	高い	高い

極果敢で，大胆に"行動するような人たちであり，「新しく何かを始める時，とりあえず行動してみる」ような人たちである。また，この型の性格の人たちにはこだわりがあり，「相手が家族や付き合っている異性等の"身内"である場合には，彼（女）らは我慢をせず，自分の考えをストレートに強く主

張したり，時に相手に押しつけたりすることの方が多く，その結果，"身内"との摩擦や衝突が起こることも少なくない」ところがある。つまり，相手を思い通りにしたいといった傾向があり，基本的には攻撃的な性格傾向をもった人たちである。これらの2つの特性は，"新奇追求"の水準の高い人たちの，衝動的，探検好き，激しやすい，無茶なことをしがち，といった性格特性とほぼ一致するものと考える。

　次に，この型の性格の人たちの特徴の1つは，人に何かをしてやろうとする傾向が強く，そうすることに躊躇が少ないことである。つまり，多少とも気に入った相手に対しては，ものをあげたり，便宜を図ってあげたり，教えてあげたりする。よくいえば，「親切で，悪く言えば，お節介であり，親切の押しつけである」といったものである。また，相手に嫌われないように気を遣うという傾向もある。これらの性格特性は，"報酬依存"の水準の高い人たちの，人助けや他人を喜ばすことをしたがること，まわりの空気や助けの求めに対して敏感なことといった性格特性と一致するように思える。

　ところで，すでに述べたように，Cloningerは，"新奇追求"の性格因子は脳の"行動賦活"システムと関連しており，このシステムは，ドーパミン作動性ニューロンからなる神経回路の活動によって機能しているものと想定している。また，"報酬依存"は脳の"行動維持"システムと関連しており，このシステムはノルエピネフリン作動性ニューロンからなる神経回路の活動によって機能しているものと，彼は推定している。このことは，"新奇追求"や"報酬依存"といった性格因子の水準が高いヒステリー型性格の人たちには，ドーパミン系やノルエピネフリン（ノルアドレナリン）系の神経伝達を軽く抑制するような抗精神病薬が有効であるといった著者の経験と一致しているように思われる。つまり，ヒステリー型性格の人たちは，行動的で，ややもすると過剰に活動し続ける傾向があり，また，人に対する気働きも多い。それらは，脳の興奮や疲労をもたらす訳で，脳の過剰な働きや興奮を抑制す

るような薬理作用のある抗精神病薬が有効であると考えられる。

　次に，Cloningerの定義によると，強迫性性格（obsessional personality）とは，低い水準の"新奇追求"，高い水準の"危害回避"，低い水準の"報酬依存"といった行動パターンをとるような人たちの性格である。

　"新奇追求"の水準の低い人たちとは，新しい関心事になかなか取り組み始めず，細かいことに心が捕われがちであり，また，決断するのにかなりの熟慮が必要な人たちであり，その典型的な性格特性は，思索的，頑固，忠実，禁欲的，気が長い，倹約家，規律正しい，我慢強い，といったものである。また，"危害回避"の水準の高い人たちは，用心深い，緊張が強い，心配症，怖がり，内気，易疲労傾向，悲観的と形容されるような性格特性をもつとされている。次に"報酬依存"の水準が低い人たちとは，社会とは距離をとる，冷淡，実際的，打たれ強い，選択する時に感情に惑わされない，といったような人たちである。

　また，低い水準の"新奇追求"と高い水準の"危害回避"の組合せからなる，"硬直的（融通のきかなさ）－我慢強さ（rigid-patience）"といった2次性格群の性格特性の中に，「ルールや細かいことを注意を払うことで，秩序や安全の維持に関心を持つ」「受動的で思ったことをなかなか口にせず，争いや暴力に直面することができない」「失敗をすることへの心配や（and/or）細かいことに頑なにこだわることの結果，なかなか自らの決定ができない」といった傾向がある。

　以上の強迫性格の性格特性と，筆者の強迫型性格の性格傾向とを比較してみよう。

　まず第1に，強迫型性格の人たちは，すでに述べたように，ビビりであり，また特に新しいこと，未知の分野に飛び込むことに，極めて慎重である。いわば，"石橋を叩いて渡る"ような人たちであり，あえて危険を冒すことのないような人たちである。また，慎重なあまり，行動しないという選択をす

ることもあり，ある意味では臆病でさえある．第2には，強迫型性格の人たちは，ルールや規則を守る傾向がある．つまり，ルールを守らないことで，人の怒りを買ったり，人に後ろ指を指されたり，責任を追及されたりするような事態は極力避けようとするため，ルールや規則を守ることに"固執"する．第3に，人の反感を買うようなことは避ける．その背景に，人の怒りが自分に向かうことに対する恐怖があると考えられる．

これらは，上記の"新奇追求"の水準が低く，"危害回避"の水準が高い人たちの性格特性と，きわめて，一致していると考える．

また，強迫型性格の人たちは，合理的な思考をする傾向があり，また，関心が"内向き"で他人にはあまり関心がなく，子育ては"責務"と考える傾向があり，積極的には，人の面倒を見ようとしないような人たちである．

これらの特性は，"報酬依存"の水準の低い人たちの傾向に近いものであると考える．

以上から，Cloninger の定義する，強迫性格の人たちの性格特性と，筆者の規定した強迫型性格の性格特性とは，かなりの点で一致していると言える．

ところで，Cloninger は，危害回避の傾向は，行動を"抑制（制止）"するといった脳のシステムに由来し，そのシステムは，セロトニン作動性のニューロンによる神経回路の活動によって機能しているとも推定している．一方，強迫型性格の人たちの起こす精神障害には，選択的セロトニン再取り込み抑制作用を持つような，抗うつ薬に分類される薬物（SSRI）が基本的に有効であることを筆者は臨床的に経験しており，この点でも，両者の性格には一致点があると思われる．

Cloninger の性格因子と遺伝子研究

1. 新奇追求とドーパミン D4 受容体の遺伝子

　すでに述べたように，Cloninger は，主には生物学的な根拠に基づき，3つの性格（気質）因子を特定した。それらは，新奇追求，危害回避，報酬依存と名づけられている。そして，それらの性格因子は，遺伝性のものであり，おのおの，ドーパミン，セロトニン，ノルアドレナリンといった神経伝達物質により作動するニューロンのネットワークと関連しているものと想定した。

　このような性格理論が提唱された後，性格因子と，神経伝達物質のかかわる部位に関する遺伝子の特徴が関連しているとする論文が発表され，それは，性格と遺伝子との関連性を研究する人たちに大きな衝撃を与えた。

　筆者は，遺伝子に関して不案内であるので，以後は，性格と遺伝子の関連性についての研究を紹介した日本人の総説[8,9,10,11,12,13,14,15]を参考にしつつ，述べていきたいと思う。

　まず，1996 年におのおの独立した形の研究であったが，Epstein と Benjamin は，新奇追求の性格因子とドーパミン D4 受容体（D4DR）にかかわる遺伝子との間に関連性があるとする研究結果を発表した。

　ドーパミン受容体とはニューロンの神経終末に存在し，そのレセプターにドーパミンがくっついたり離れたりすることで，ドーパミン作動性ニューロンの働きをコントロールするものである。このドーパミン受容体には，5つの亜型があり，それらに共通するのは，神経細胞外に N 末端，神経細胞内に C 末端を持ち，神経細胞膜を 7 回貫通す構造をもつことである（図 4）。D4 受容体は認知や情動の働きと関連しており，皮質や辺縁系に多く存在し，抗精神病薬の 1 つであるクロザピンと親和性が高いところから，性格との関連性が注目されていたものである。

　この D4 受容体の遺伝子は，11 番染色体の短腕，11p15.5 といった座位に

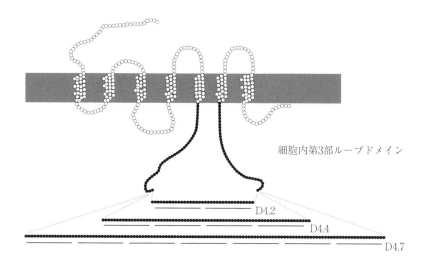

図4 ドーパミン受容体D4の第3エクソンに見られる繰り返し配列多型
（文献10より引用）

あり，その第3エクソンには，48塩基（16アミノ酸残基をコード）からなる繰り返し配列がある。その繰り返し回数（variable number of tandem repeat：VNTR）は1〜10回で，多くは2〜7回であり，人によって異なる。そのように，繰り返し回数による遺伝子の個人差があり，それは多型（polymorphism）と呼ばれている。つまり多型とは比較的多く（5％以上）見られる遺伝子の変異であり，遺伝子の個人差を意味している。

Epsteinら[16]は，イスラエル人の治験者に対して，3つの性格因子を特定するためにCloningerが作成したTrimentional Personality Questionaire（TPQ）と呼ばれる質問表を用い，被験者の性格（気質）因子を明らかにするとともに，被験者のD4受容体の多型（VNTR）について調べた。その結果，"新奇追求"のスコアーが平均以上の人たちは，D4受容体の繰り返し配列の回数が有意に多いことを明らかにした（繰り返し配列が多いということは，

長い第3エクソンの対立遺伝子をもつということである）。しかも，この関連は，被験者の人種や性別や年齢とは関連がないと彼らは述べている。ちなみに，この繰り返し配列によってコードされたD4受容体のアミノ酸ループは細胞内にあり（図4），その長さは，多少ともD4受容体のリガンド（この場合は，ドーパミン）との結合性に影響を与えるとされている。

一方，Benjaminら[17]は，米国人の兄弟，家族，個人から被験者を募り，Epsteinらと同様，性格因子とD4受容体遺伝子の遺伝子多型との関連性について調べ，"新奇追求"や"外向性"（extraversion）といった性格因子とD4受容体遺伝子第3エクソンにおける繰り返し配列の回数の多さ（対立遺伝子の長さ）との間に関連性があると結論づけた。ちなみにBenjaminらは，被験者の性格因子を特定するため，TPQではなくNEO-personality inventory（NEO-PI-R）と呼ばれる質問表を用いたが，NEO-PI-Rにも，70％程度，TPQと関連する質問項目が含まれており，その質問項目を換算して分析を行い，TPQの性格因子を特定することは可能であるとされている。

2つの論文の発表の後，彼らの研究に対する追試が行われており，その結果，2人の結論を肯定するものと否定するものに分かれており，その評価は定まってはいない。このことに対して木島[5]は，精神疾患があることで質問表の結果が歪められた可能性があり，あくまで，健康な人のサンプルを用いるべきであるということ，また，D4受容体の遺伝子の1つの多型（単一遺伝子）の性格への影響度が低いことを，追試における結果のばらつきの理由として考えている。

2. 危害回避とセロトニントランスポーターの遺伝子

セロトニン（5-HT）によって媒介される神経伝達は，気分や不安を含む情動や認知のみならず，運動，食物摂取，睡眠，生殖活動などの生理的な機能に対しても，重要な役割を果たしている。このセロトニンで作動するニュ

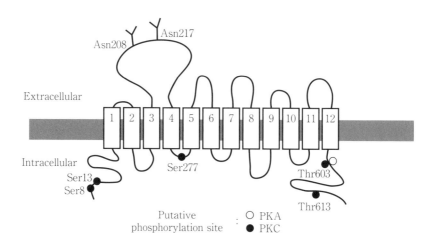

図5 セロトニントランスポーターの構造
(文献13より引用)

ーロンの神経終末からシナプスへと放出されるセロトニンを細胞内に再取り込みする部位が，セロトニントランスポーターである．セロトニントランスポーターは三環系抗うつ剤やコカインなどの薬物の作用点として，以前からよく知られており，近年，このセロトニントランスポーターを特異的にブロックする選択的セロトニン再取り込み阻害薬（SSRI）は，抗うつ効果のみならず，不安障害における不安や恐怖に対して有効とされており，臨床的にも多用されている．

多様な種類を持つセロトニン受容体とは異なり，セロトニントランスポーターは，一種類のみが知られており，ヒトのセロトニントランスポーターは1次アミノ酸配列の蛋白で，両末端が細胞膜の内部にあって，細胞膜を12回貫通するような構造を持つ（図5）．

ヒトのセロトニントランスポーター遺伝子は17染色体の長腕，17q11.1-q12といった位置に存在し，全長31kbで，14個のエクソンから構

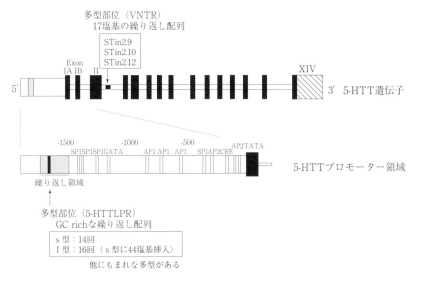

図6　ヒトセロトニントランスポーター遺伝子の遺伝子多型
(医学のあゆみ，195：525, 2000. から転用した文献15からの引用)

成されている（図6）。この遺伝子には，まず最初に，第2イントロンに17塩基の繰り返し配列からなり，variable number tandem repeat（VNTR）と呼ばれる遺伝子多型が発見される。その後，ヒトのセロトニントランスポーター遺伝子の転写開始部位（promoter）の領域に，GCに富み，20〜23塩基の繰り返し配列の回数差によって生じる遺伝子多型（5-HT gene linked polymorphic resion：5HTLPR）が見出された。この多型には，主にこの繰り返し配列を14回もつshort type（S型：S/S, S/Lの遺伝子型）と16回もつlong type（L型：L/Lの遺伝子型）の対立遺伝子（allele）あり，セロトニントランスポーターの転写開始部位の活性は，L型の方が，S型よりも3倍高いことが知られている。つまり，S型の遺伝子を持つ人の方が，トランスポーターの発現（RNAから蛋白が作られること）が少ないこととなる。

Leschら[18]は，この遺伝子多型（5HTLPR）と，NEO-PI-Rを用いて調べた被験者の性格因子との関連性を分析し，S型の遺伝子型をもつ人はL型遺伝子をもつ人よりも，"神経症性"（neuroicism）の傾向が有意に高いことを報告した。ちなみに，他の4つの性格因子のうち3つに関しては，この多型との有意な関連性は見られておらず，他の1つの性格因子である"同調性"（agreeableness）との間では，否定的な相関が認められた。この"神経症性"の性格因子には，6つの下位分類が存在するが，それとの相関については，"不安"，"怒り－敵意"，"抑うつ"，"衝動性"の4つで，有意な相関が認められている。

　また，NEO-PI-Rのデーターを用い，TPQに換算してみたところ，"危害回避"の推定スコアーと多型（S型遺伝子型）との間で相関が認められ，一方，他の性格因子と多型との相関は認められていないとのことである。"危害回避"の下位分類との相関を調べたところ，"心配（worry）"，"悲観（pessimism）"，"不確実なことへの怖れ（fear of uncertainty）"，"疲れやすさ（fatiguability）"の4つの項目と有意な相関が認められた。

　また，Leschらは，S型の多型をもつ人にはセロトニントランスポーターの出現が少なく，その人たちは不安と関連する性格傾向をもつといった結果は，セロトニントランスポーターの働きをブロックするSSRIが不安や抑うつに対して治療的に有効であるという事実と矛盾するようにみえると述べている。ただ，この矛盾に対して，①彼らの被験者は健常人であること，②SSRIは，セロトニントランスポーターのブロック以外にも薬理作用を有すること，③遺伝に規定されたセロトニン再取り込み作用における違いが，長期にわたり脳の発達に影響を与える可能性があり，そのことが後日，SSRI治療の効果とは異なった結果をもたらしたのではないかと，その理由について推論を述べている。

参考文献

1) Cloninger, C. R.: A unified biologycal theory of personality and its role in the development of axiety states. Psychiatric development, 3; 167-226, 1986.
2) Cloninger, C. R.: A systematic model for clinical description and classification of personality variants. Archives of general psychiatry, 44; 573-588, 1987.
3) Cloninger, C. R., Svrakic, D. M., & Przybeck, T. R.: A psychobiological model of temperament and character. Archives of general psychiatry, 50; 975-990, 1993.
4) 木島信彦, 斉藤令衣, 竹内美香, 吉野相英, 大野裕, 加藤元一郎, 北村俊則: Cloningerの気質と性格の7次元モデルおよび日本語版 Temprament and Character Inventry (TPI). 精神科診断学, 7; 379-399, 1996.
5) 木島信彦: パーソナリティと神経伝達の関係に関する研究; Cloningerの理論における最近の研究動向. 慶応大学日吉紀要・自然科学, 28; 1-11, 2000.
6) 木島信彦: クロニンジャーのパーソナリティ理論 1.2. LIT's Café, NTTデータ ジェトロニクス株式会社, 2009.
7) Menza, M. A., Golbe, L. I., Cody, R. A., & Furman, N. A.: Dopamine-related personality traits in Parkinson's disease. Neurology, 43; 505-508, 1993.
8) 平野雅美: 人格傾向とドーパミン受容体の遺伝子変異. 脳の科学, 21; 1055-1060, 1999.
9) 大野裕, 小野田直子: 性格の遺伝子. Behavioral science research, 38 (1・2); 107-109, 1999.
10) 功刀浩: 性格と遺伝子の微妙な関係. 最新精神医学, 5; 133-141, 2000.
11) 村上和雄, 林隆志: 心と遺伝子の相互作用. Journal of international society of life information science, 20; 122-130, 2002.
12) 下村登規夫: 心と遺伝子―性格は遺伝子で決まるのか?―. Junior, 421; 9-14, 2003.
13) 酒井規雄, 白井康仁, 斎藤尚亮: セロトニントランスポーター. 生化学, 72; 1215-1229, 2000.
14) 酒井規雄: セロトニントランスポーターと性格. 日本薬理雑誌, 115; 261, 2000.
15) 木内祐二: セロトニントランスポーター遺伝子多型と性格傾向・感情障害. 精神科, 2; 376-381, 2003.
16) Epsein, R. P. et al: Dopamine D4 receptor exson III polymorphism associated with the huma personality trait of Novelty Seeking. Nature genetics, 12; 78-80, 1996.
17) Benjamin, J. et al: Population and familial association between the D4 dopamine receptor gene and messures of Novelty Seeking. Nature genetics, 12; 81-84, 1996.
18) Lesch, K. P. et al: Association of axiety-related traits with a polyphorism in the serotonin transporter gene regulatory region. Science, 274; 1527-1531, 1996.

終　章
その他の関連する項目

これからの課題

　まず第1に，6つの性格の型について，その特徴を挙げた上で，その治療についての考えを述べてみた。ただ，この6つの性格型のどれにも属さず，未だ治療者がその性格の型を特定できていないと考えているものがある。たとえば，双極性感情障害，抜毛症，自己臭恐怖などの疾患の性格，または，素因の型である。それらについて，いくつかの特徴を治療者なりに見出してはいるものの，明らかにそれで性格の型を特定きるところまでには至っておらず，ましてや，治療についての示唆ができるまでの臨床的な知識を未だ獲得をしていない。それは，それらの疾患の事例数が少ないという制約や，治療関係を確立させ，治療を継続させることが難しいということがある。今後，事例数が増えてくれば，それらの疾患の性格の型を特定することも可能になるかもしれない。

　第2に，すでに述べたようにCloningerは，学習理論や脳の解剖学や薬理学などの知見に基づき，3つの性格因子を推定した。次には，その因子の水準の高い，低いの違いで生じる，具体的な性格特性を導き出し，それらを基にして被験者が自らチェックすることでどの性格因子がどの程度存在するのかが明らかになるような質問票（TPQ）を作成した。最後に，多くの被験者を募り，質問票にチェックをしてもらい，そのデーターに統計的な解析を

行うことで，ヒトの中に3つの性格因子が独立して存在するものであることを証明した。これが科学的に必要な手法であろう。

　一方，筆者の性格類型は，個人的な臨床経験を基にしたものでしかない。臨床的に有用であることは，個人的には多くの事例で経験しているが，その存在や有用性について，万人が認めるようなものではない。つまり，Cloningerが行ったことと同じような科学的な手法を行わなければ，科学的には認められたことにはならない。

　ただ，筆者は一介の診療所の臨床医であり，研究者ではない。研究に裂く時間もなければ，研究に必要な知識を持ち合わせていない。事例はいくらでも集めることができたとしても，それを統計的に解析するようなことはできない。これが筆者の限界である。だから，願わくば将来，筆者の性格類型に興味をもった研究者が現れ，性格類型を科学的に証明するような研究を行ってくれるのを待つしかないというのが現状である。

性格類型の統計

　図7は，2013年度，筆者のクリニックに初診で受診した患者の，性格の型の割合を示している。1番多いのは，ヒステリー型性格の人たちで，45％，約半数を占めている。次に多いのが，強迫型性格の人たちで2割弱位である。3番目が，回避型性格の人たちで19％を占めるが，多くは，適応障害と診断されるような，職場で不適応を起こす人たちである。4番目が統合失調型素因の人たちで，わずかだが，統合失調症の患者も含まれる。

　その他の性格型に含まれるのは，主に，パニック型性格や境界型性格の人たちである。

　図8は，ヒステリー型性格の人たちがどのような診断をされているかについての統計である。1番多いのは軽症うつ病と診断されるような事例で，軽

終　章　その他の関連する項目 ● 165

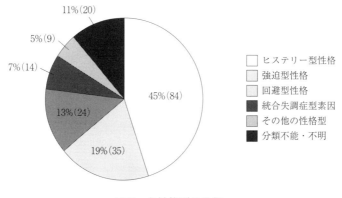

図7　各性格型の分類

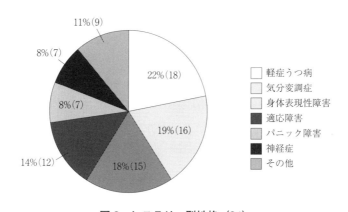

図8　ヒステリー型性格（84）

い抑うつ症状が見られるものである。2番目は気分変調症で，気分の波が見られる事例である。両者を合わせると気分障害圏の人たちで，4割程度を占める。3番目は身体症状を呈する身体表現性障害と診断されるような人たちで，2割弱を占める。4番目は適応障害で，環境からの精神的なストレスから軽い不安・抑うつ症状を示している事例である。5番目はパニック障害で

166 ● 性格と精神疾患——性格類型による診立てと治療——

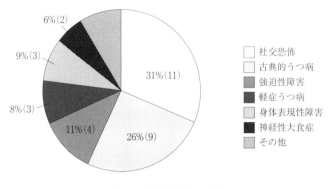

図9　強迫型性格（35）

1割弱である。6番目の神経症では，主な症状は不眠である。以外に少ないのが，解離性障害と診断されるような事例で，その他の疾患の中に含まれる。過去においてはヒステリーの代表格とも言えた解離性障害と診断される事例が少ないのは，時代の変遷のためなのであろうか。

　図9は，強迫性性格の人たちに見られる疾患の分類であるが，1番多いのは，社交恐怖の人たちである。最近は，疾患名やその薬物療法が広く知られたことで，より受診しやすくなったのかもしれない。2番目は，最近では古典的うつ病と呼ばれ，以前は単相性の内因性うつ病と呼ばれたような疾患である。3番目が強迫性障害で，やはりそのために受診するケースは限られているように思う。次に続くのは，軽症うつ病，身体表現性障害，神経性大食症の人たちで，いずれも少数である。

性格類型について

　切替[1]によると，「類型とは，Spranger は普遍概念の具体化であるといい，Pfaler は類型を普遍から個への途における中間部であるという」とのことで

ある。その上で、彼は、「性格を理解するには、どうしても"類型的なもの"を媒介にするしか方法がない」と述べ、「一定の原理に基づいて組織的に性格類型を決定し、それによって性格を分類し、性格の理解を容易にすることができる」と結論づけている。筆者も、多くの患者の中から、ある性格特性が、ある特定の患者群に共通して見出されることを経験する中で、次第にそれを積み上げることを通して、性格の型を類型化していった。

さらに切替[1]は、性格類型を説明するためにKretschmerの次の言葉を引用する。つまり、「1つの類型において概念的に重要なことは、その類型が確固たる中心を有することであって、画然たる境界を有することではない。類型をただその核心において決定することができるが、その境界を定めることはできない。移行の不明瞭な沢山のものの中から、われわれによって取り出された、比較的明瞭な相互に比較的似た形態の1つの核心を類型と呼ぶ」と。

性格の型と配偶者選択

臨床場面でさまざまな性格型の人たちを見ていると、その配偶者選択に、ある種の傾向があるように思えてくる。たとえば、ヒステリー型性格の人たちの配偶者には、強迫型や回避型の性格の人たちが少なくない。その理由として考えられるのは、ヒステリー型性格の人たちのもつ、日常生活におけるさまざまな"こだわり"に対して、強迫型や回避型の人たちにはそのようなこだわりはなく、その点での衝突がより少ないからであろうと考えられる。すでに述べたように、ヒステリー型性格の人たちには"～すべき"とか、"～あるべき"とか、"～の方が正しい"といった考えの基準があり、揉めるのを避けるため、他人にはそれを強く主張しないけれども、身内にはそれを押しつけてくることが多い。強迫型や回避型の配偶者には、そういったこだわりが強くはなく、攻撃的な態度の相手と事を構えるのはできれば避けたいの

で，あえて強く反発することなく，相手の考えをある程度受け入れてくれる。言い分が通りやすく，自分の意見に強く反発されることが少ないといった面で，ヒステリー型の人たちにとって，強迫型や回避型の配偶者と一緒に暮らすのは，精神的に楽である。また，自分の外部のことにあまり関心がなく，人とのかかわりが得意でない強迫型の人たちにとって，外向型であるヒステリー型の配偶者は，外部の問題を処理してくれる役に立つ人たちであり，その意味で都合のいい配偶者である。また，対人緊張が強く，自信のない回避型の人たちにとって，ヒステリー型の配偶者は，大勢の人に溶け込んだり，交渉ごとに長けていたりする点で，頼りがいのある存在となる。つまりヒステリー型の人たちと，強迫型や回避型の配偶者は，同じレベルで衝突をすることが少なく，かつ，互いの欠点を補完し合うような関係になる可能性があり，それが無意識の配偶者選択に結びついている可能性がある。

　ちなみに，ヒステリー型性格の人たち同士が結婚した場合はどうだろう。結婚当初は，生活感覚やものの考え方の点で合うことが多く，いわば馬の合う，似た者同士という感覚で，仲よく暮らすことも可能である。だが，それぞれの基準が相反することが生じた場合，互いにそのこだわりを譲ることがなく，相手からの攻撃的な態度を引き出さない努力もしないため，衝突を繰り返したり，片方の配偶者が葛藤を抱えたりしがちとなる。つまり，"プラス"と"プラス"がぶつかるようなケースである。この場合，家庭内別居や離婚となることもあるのではないか。離婚の埋由として"性格の不一致"ということがよく言われているが，この場合は性格が"一致"しているが故に起こる軋轢，あるいは問題ということになる。

　ところで，この関係は配偶者だけでなく，友人関係や親子関係にも当てはまることがある。ヒステリー型性格である友人2人は波長が合い，うまくいっている間は，とても仲がいい。だが，いったん，意見の対立が起こると，友人関係はうまくいかず，時に修復困難となることがある。このため長期に

わたり，深い交友関係を維持することは困難なものとなる場合が多い。一方，ヒステリー型の人と強迫型や回避型の人との友人関係は，上記の配偶者の場合のように決定的な対立が少なく，かつ，補完的な役割となりうるので，友人関係が長続きし，"親友"といった関係になりやすいと思われる。また，母娘関係では，ヒステリー型性格の母と成人した娘が同居をした場合には，お互いのこだわりのため些細なことで衝突が起こり，また，互いに折れることがないため，常に争いが絶えない状況が続く可能性がある。このため，両者の力関係にもよるが，一方が他方を追い出すといった事態が起こることもある。

　まれではあるが，ヒステリー型性格の女性が，軽度の自閉症スペクトラム障害(ASD)の男性を配偶者として選ぶような場合がある。ASDの配偶者は，ヒステリー型の女性にとって，結婚前には素直で，優しく，本人のいうことを何でも聞いてくれるような相手ではなかっただろうか。一方，ASDの人たちも，他人とのコミュニケーションの能力に長けていて，外部との交渉をてきぱきと処理してくれるような点では，ヒステリー型性格の配偶者は頼りになる存在であったと思われる。ただ，一緒に暮らし始め，次第にASDの人たちの"宇宙人"的な"通じなさ"が明らかになるにつれ，ヒステリー型の人たちは，彼らと一緒に暮らすのに精神的なストレスを感じ始め，配偶者に不満を抱くことになる。子どもたちも，特に思春期になると，お父さんの"通じなさ"に嫌気がさして，父親とは距離を置くようになるので，ASDのお父さんは家族の中で必然的に孤立することになる。

参考文献

1) 切替辰哉：性格類型．保崎秀夫，笠原嘉，宮本忠雄，小此木啓吾共編：精神医学事典，弘文堂，東京，360-361, 1975.

あとがき

 あとがきとして,まず,筆者自身の精神科医としての歩みについて少し述べてみたい。
 筆者は1976年に順天堂大学の精神医学教室に入局をしたが,入局後,最初に関心をもった精神医学の領域が精神分析的な精神療法である。それを学ぶため,当時から摂食障害の専門家として知られていた下坂幸三先生のクリニックで,月1回位の症例研究会を開いてもらい,下坂先生の指導の下,何人かの若い同僚たちとともに個人精神療法を学ぶことになった。研究会の中で,症例を深く読み解いたり,患者へのサポーティブなコメントを披露したりする,下坂先生の臨床力に,しきりと感心したのを鮮明に記憶している。また,つたないものではあったが,そのメンバーたちと研究会の帰りに,互いに自分たちの臨床経験を話す機会に恵まれたことも,臨床力を身につけていく上で,とても役立っていたのではないかと考えている。
 その後,大学を離れ,市原鶴岡病院といった比較的小規模の精神科病院が筆者の臨床の場となったが,そこでの筆者の一番の経験は家族療法の勉強と臨床であろう。当時,院長であった牧原浩先生や国立精神医学研究所に所属していた鈴木浩二先生,何人かの同僚たちとともに,英文の本を抄読したり,チームを組んで家族療法の臨床を行ったりしていた。そもそも,筆者が家族療法に興味をもった始まりは,その臨床のやり方というよりも,そのユニークなものの考え方に対してである。たとえば,精神分析学のように,患者の過去の中に疾患や症状の原因を見つけようとするといった考え方でなく,いま,そこで起きている人たちの相互作用の連鎖を見ることを通して,患者の

症状（行動）を理解するといったやり方である．簡単な例は，2人の人間の間で起こる"悪循環"といった現象であろう．つまり，妻が夫に対してがみがみと小言を言い続けることで，夫は妻から距離をとろうとするが，その夫の行動に対して妻は不満を抱き，さらにがみがみと文句を言うといったものである．また，筆者が興味を引かれたのは，ミラノ派と呼ばれた一派の家族療法を学ぶ過程で出会った，グレゴリー・ベイトソンや，フンベルト・マチュラナといった人たちの新しい"認識論"であった．認識論とは，"ものごとをどのように見るか"についての学問領域であるが，それを学ぶことは家族療法ばかりではなく，広く精神科の臨床を見る上で非常に役に立った．

家族療法の臨床を続ける中で，さまざまな問題を抱えて治療に訪れる家族に"何が起きているのか"については，ある程度，理解する力を備えることはできていた．だが，そのような理解を用いて，家族の問題を解消させるための，いわば介入の方法論については，明確な手ごたえをつかむところまでには至ってはおらず，それは未だ霧の中といった印象であった．そのような筆者の疑念を晴らすため，1994年にカナダに渡り，その後，カルガリー大学・家族療法センターのカール・トム教授の下で家族療法の研修をすることとなった．そこでの研修を受ける前までは，観察されるもの（家族）と観察するもの（治療者）との間には，問題についての知識や理解の差があり，家族の問題を解消するためには，家族を操作したり，教育したりすることが不可欠であると考えていた．ところが，カール・トムの臨床のやり方は，治療で得られた情報を家族に対して明らかにするような，よりオープンなものであり，また，家族をある方向にプッシュするような，操作的な態度や行動は見られず，セッションの場面に同席していて，自然さや居心地のよさを感じることができるものであった．何度も，彼の家族セッションを見ていくうちに，そのような治療のやり方に対して，「これでいいんだ」といった思いが次第に強まっていった．

帰国後，自分の臨床の場をもちたいと考え，1995年，西千葉に診療所を開設した。当初は，そこで家族療法と外来診療（個人療法）の両方を行うつもりであったが，家族療法や家族相談を希望する人たちが少ないといった事情があり，外来で，患者個人の診療に当たることの方が圧倒的に多くなっていった。そのことが，この本で述べたような性格類型を患者の中に見出すことにつながっていった。

　ところで，筆者の述べた性格類型を明らかにする過程で大変貴重な助言や意見を与えてくれたのは，私の妻であり，しんわクリニック・稲毛の院長である志村由美子医師である。互いに仕事が終わった後の食事の時とか，夫婦で散歩や登山をしている間に，日頃の臨床の中で気づいたことや考えたことを互いに話したり，意見を述べたりすることが日常的にあり，その積み重ねが性格類型を形作ることにとても役立った。その意味において，彼女の本書への貢献に対しては，いくら感謝をしてもしきれない。

平成 27 年 4 月 2 日

志村　宗生

[著者略歴]

志村宗生（しむら・むねお）

昭和25年生まれ
昭和51年　長崎大学医学部卒業
同年　　　順天堂大学医学部　精神神経科にて研修
昭和54年　市原鶴岡病院（千葉県市原市）勤務
昭和61年　同病院　院長就任
昭和63年　「家族のための心の相談室」)（西船橋）を共同設立
平成 6 年　カルガリー大学（カナダ）にて家族療法を研修
平成 7 年　にしちば心和クリニック開設
専攻 ： 精神医学, 家族療法（家族相談）, 個人精神療法

性格と精神疾患
――性格類型による診立てと治療――

2015 年 5 月 10 日　印刷
2015 年 5 月 20 日　発行

著　者　志村宗生
発行者　立石正信

印刷・製本　日本ハイコム

発行所　株式会社 金剛出版
　　　　〒112-0005　東京都文京区水道 1-5-16
　　　　電話 03-3815-6661　振替 00120-6-34848

ISBN978-4-7724-1422-7　C3011　©2015

研修医・コメディカルのための
精神疾患の薬物療法講義

［編著］＝功刀 浩

●A5判 ●並製 ●208頁 ●定価 **3,600**円＋税
● ISBN978-4-7724-1315-2 C3047

薬を知るならこの一冊！
名精神科医がやさしくしっかり教える，
精神科医療従事者必携の精神科治療薬パーフェクトガイド！

精神疾患診断のエッセンス
DSM-5の上手な使い方

［著］＝A・フランセス　［訳］＝大野 裕　中川敦夫　柳沢圭子

●四六判 ●並製 ●280頁 ●定価 **3,200**円＋税
● ISBN978-4-7724-1352-7 C3047

DSM-5の診断基準は臨床において役立つものであるが，
バイブルのように使うのではなく患者の役に立つように，
柔軟に活用するためのサブテキスト。

面接技術の習得法
患者にとって良質な面接とは？

●A5判 ●上製 ●196頁 ●定価 **3,000**円＋税
● ISBN978-4-7724-1423-4 C3011

どのような技術でも基本に向かい合うことで新たな基本が見えてくる。
本書では「面接技法の基本を学ぶ」ということに重点を置き，
できるだけ専門用語を使わずに具体的に考えていく。